# Hißbach

Die Magie der Worte
www.andrehissbach.de

Copyright © 2024 André Hißbach Alle Rechte Vorbehalten.
Insbesondere das des öffentlichen Vortrags,
der Übertragung durch Rundfunk, Fernsehen
und der Veröffentlichung über das Internet,
sowie der Übersetzung auch einzelner Teile.
ISBN: 978-3-7431-0426-6
Verlag: BoD · Books on Demand GmbH, In de Tarpen 42,
22848 Norderstedt
Druck: Libri Plureos GmbH, Friedensallee 273, 22763 Hamburg
Bibliografische Information der Deutschen Nationalbibliothek.
Die Deutsche Nationalbibliothekverzeichnet diese Publikation
in der Deutschen Nationalbibliografie;
detaillierte bibliografische Daten sind im Internet
über www.dnb.de abrufbar.

# Inhaltsverzeichnis

| | |
|---|---|
| Entschuldigen Sie | 9 |
| Esoterika | 9 |
| Ohne Worte | 10 |
| Geistlose Nichtigkeiten | 11 |
| Himmlische Zeiten in der Hölle | 13 |
| Die, die dran glauben müssen | 14 |
| Die Welt der unglücklichen Menschen | 15 |
| In der Warteschleife des Lebens festhängen | 15 |
| Werden sie Aktiv | 16 |
| Die breite Masse | 17 |
| Menschen wie du und ich | 17 |
| Politik | 18 |
| Schriftsteller | 19 |
| Man berichtete mir | 19 |
| Tafelrunde | 20 |
| Bitte Warten Sie | 20 |
| Vorhin in der Selbsthilfegruppe | 21 |
| Schade | 23 |
| Der eigene Abgrund und seine Vorzüge | 27 |
| Die Suche nach dem Sinn des Wahnes | 30 |
| Der graue Schleier | 32 |
| Der innere Schweinehund | 34 |
| Lästerliche Nachrede | 36 |
| Kleingeistige Verzweifelungen | 38 |
| Ja genau eine Party | 41 |
| Die Fiktion ist nicht widerlegbar | 42 |

| | |
|---|---|
| Fehlerhafte Widerrufsbelehrung | 45 |
| Das ist das Leben | 48 |
| Beobachtung von internen Absprachen | 50 |
| Der blinde Fleck | 52 |
| Verdrehte Welt | 56 |
| Adel verpflichtet | 57 |
| Götterdämmerung | 57 |
| Das Niveau | 58 |
| Na so was! | 58 |
| Plattitüdenhaft | 59 |
| Lyrik | 60 |
| Ernst ist Ernst | 60 |
| Und das mir | 60 |
| Komik | 61 |
| Die Nullnummer | 61 |
| Wie wäre es | 62 |
| Wenn ich | 62 |
| Ich erdachte | 62 |
| Am Anfang war es | 62 |
| Aber was solls wen interessierts | 62 |
| Der Haken | 63 |
| Doch wo sind die Gedanken geblieben | 64 |
| Der Stuhl | 64 |
| Vampirisch | 64 |
| Kontemplativ | 65 |
| Der der verstand | 65 |
| Obwohl | 65 |
| Der Blick des Auges | 66 |

| | |
|---|---:|
| Kultur ist keine Bildungslücke | 66 |
| Das Gesicht des Drachens | 66 |
| Am Anfang war Praxis ein Wagnis | 67 |
| Ein starkes Gefühl | 68 |
| Nimm dich | 69 |
| Tränen | 69 |
| Es tut mir leid | 69 |
| Nur von kurzer Dauer | 70 |
| Sex und ein bisschen mehr | 70 |
| Vorsicht Falle vaginal gegliedert | 71 |
| Mein Sohn | 72 |
| Was von mir erwartet wurde | 72 |
| Das Leben ist kein Dauerorgasmus | 74 |
| Und wieder einmal | 75 |
| Und so | 75 |
| Fragt mich nicht | 76 |
| Dogma der Wissenden | 77 |
| Die gesuchte Klarheit | 77 |
| Das Leben ist schön | 78 |
| Ein Teil des Universums | 79 |
| Ich mich mein Selbst | 80 |
| Was ich meiner Mutter verdanke | 81 |
| Hamsterradgeflüster | 82 |
| Mein letzter Wille | 84 |
| Kein großes Gerede | 84 |
| Die neue Zeit der kristallinen Kindlichkeit | 89 |
| Morgen | 90 |
| Bewusst sein | 91 |

| | |
|---|---|
| Meine Liebe zu mir selbst | 92 |
| Klartext | 94 |
| Die Reisenden | 96 |
| Wir nennen es erwachen | 97 |
| Vom Lachen zum Weinen | 99 |
| Im Heute | 101 |
| Die Prophetie der Glückseligkeit | 102 |
| Rollenspiele | 105 |
| Der alles entscheidende Punkt | 108 |

## Entschuldigen Sie

Ich bin im Auftrag der Esoterikmafia unterwegs und beschlagnahme ihr geistiges Potential. Sie benötigen ja nur zehn Prozent und die können sie zu günstigen Konditionen gewinnbringend bei uns zurück erwerben, falls sie sich erinnern. Wir werden sie therapeutisch erleuchten, denn wir wissen um ihre Genialität. Wir besetzen sie mit der Rolle ihres Lebens und glauben sie ja nicht es geht um ihre Seele, was interessiert uns ihr Innenleben, wir machen hier ja kein Seminar. Wir kennen ihre Zukunft und machen aus ihrer Vergangenheit, das Highlight des Tages. Die Faschisten waren auch schon im Auftrag des Meisters unterwegs. Unsere Erhabenheit ist nicht nur in den Logen der Unbestechlichen bekannt. Obwohl die Verschwörungstheorie eines unserer genialsten Streiche ist. Und mal ganz unter uns, glauben sie etwa noch an die Menschenrechte. Solange sie sich in denen von uns geschaffenen Verhaltensmustern bewegen, wird ihre Rebellion eher zum Medienereignis und das interessiert Morgen sowieso niemanden mehr. Außer, sie wollen immer noch die Welt retten, auch dafür sind wir natürlich die richtige Institution. Ihre Ohnmacht ist unser Kapital, auf Wunsch geben wir auch Kredit zu günstigen Konditionen. Informieren sie sich, denn Wissen ist Macht, oder?

## Esoterika

Das Geschäft mit der Erleuchtung, ich, du, er, sie, es, wir, ihr, sie leuchten postmodern. Bewusst ich´s doch, nie geht es mir so gut wie immer, denn, das Los des Sinnes, ein sinnloses sinnen, nach einem Sinnlos. So ist die Logik der Wahnsinn, und die

beste Therapie, das Leben. Aber alles im Leben hat seinen Preis, nur das Paradies gibt es gratis. Doch wir therapieren uns alle gegenseitig, denn der Mensch ist schizophren und will es sich nicht eingestehen. Nun begründe ich die Rechtfertigung, weil ich Gründe für mein Recht fertige, suche nach einer Notwendigkeit, da ich aus dem Konzept gekommen bin, habe aber vergessen warum. Kompliziert wird es nur, wenn ich es einfach mache, also mache ich es einfach kompliziert, denn das Einzige was daran mystisch ist, ist das, was ich daraus mache.
Und damit ich damit keine Zeit verliere, suche mein Glück auch nicht im Keller, doch freue mich zu früh, denn das Schönste kommt noch, es war schon immer zu spät. He, keine Panik, die Einweihung findet jeden Tag statt, da uns die Apokalypse seit dem Urknall verfolgt. Und wenn alle Stricke reißen, hat es sich ausgehangen, denn jeder hat ja einen Knackpunkt, „knackedieknacks".

## Ohne Worte

Wussten sie eigentlich, dass jeder ein Recht darauf hat, glücklich zu sein, dass das Leiden eine eigene Entscheidung ist, sie haben immer die Wahl, lautes dementieren dessen ist ja auch ihre Entscheidung. Klar man wird nicht zum Leiden geboren, das hat man ihnen zwar so erzählt, aber vielleicht nicht so gemeint. Natürlich nicht gewollt, denn jeder ist ja ein Produkt seiner Umwelt und demzufolge seiner Erziehung. Der freie Wille wird ja mehr durch die Sachzwänge gesteuert, man durchlebt zwar viele Facetten des Lebens, aber wo ist der Lernprozess, die Veränderung, die Bereitschaft dafür, wenn nicht durch die Lebenserfahrung. Ich will keine böse Absicht unterstellen, denn es ist ja ihre Entscheidung, oder sind sie etwa fremdgesteuert.

## Geistlose Nichtigkeiten

Und dann war da noch die göttliche Ordnung, die einem Herren Luzifer ein Dorn im Auge war, womit er erblindete auf diesem und ein Auge zudrücken musste. Die genommene Sicht verbarg die Hörner, die ihm wuchsen, was sehr starke Kopfschmerzen verursachte. Er suchte im Paradoxon nach Klarheit, betrachtete sich im Spiegel, erkannte sich selbst, mit dem einen Auge, worauf er dieses schloss und Dunkelheit ihn umgab. So sprach er zu sich selbst, „Es werde Licht", doch nichts geschah, doch sein Ego ließ ihn sich nicht gedulden, so warten wir noch heute auf seine Läuterung. Das sich die Erde vielleicht ja nicht um die Sonne dreht, hat damit weniger zu tun, als der Vatikan, mit seinen schwarzmagischen Ritualen bewirken kann. Er verzweifelt immer noch am Abgrund zwischen den Lippenbekenntnissen seinerseits und der göttlichen Ordnung im Universum andererseits. Selbst der letzte heilig päpstliche Kuss, mundet auf einer Landebahn, eher zähneknirschend sandig. Er erleuchtet nicht jeden und ist eher unendlich langweilig. Hingegen der Anblick eines lustvollen Jünglings, die Animalität erblühen lässt, denn das Auge isst ja mit, im Besonderen bei päderastischen Gelüsten. Es muss ja nicht gleich sein Blut getrunken werden, aber abschmecken sollte man schon, damit es auch wirklich ein ritueller Genuss wird und kein fahler Nachgeschmack zurückbleibt. Doch da dieser zur Kunstform erhoben wurde, durch die Glorifizierung der Mittelmäßigkeit, hat der Katholizismus auch in der Beliebigkeit der Moderne, noch eine avantgardistische Zukunft. Der Alterungsprozess des Atheismus ist trotz Mumifizierung, mal wieder in Vergessenheit geraten. Und der Humanismus geht Hand in Hand mit ihm, durch die Täler des zum Apfel gewordenen Paradieses. Die Schlange war irrtümlicherweise auch mehr ein kleiner Wurm, dessen geistiger Horizont nicht weit über den Apfel hinaus ragte, welcher sich bereits im freien Fall befand. Der Stamm lässt auf sich warten, es ist der Letzte seiner Art. Er treibt seltsame Blüten in manch umnachteter Person. Blitzgewitter belichten da auch nicht die Negativität, da nützt auch keine Projektion ins Unterbewusstsein. Licht kann auch verblenden und das Selbst dahinter führen. Wieder im Dunkel der Nichtigkeiten, setzt die Trostlosigkeit ihren bedeutungslosen Weg fort. Doch wer jetzt in die Ferne schweift, wird sich mit Schrecken in der Vergangenheit verlieren. Und plötzlich, wie aus heiterem Himmel, findet man sich in der Gegenwart wieder. Lästiges Händeschütteln sollte man vermeiden, so nahe stand man sich ja nun auch wieder nicht. Wenn Sie diesem Herren mit dem triefenden Auge mal wieder Treffen grüßen Sie ihn nicht von mir, sonst erinnert er sich noch an mich und geht mir später irgendwann mal auf die Nerven, mit seinen unergründlichen Wegen, von denen keiner so genau weiß wo sie hinführen, außer den Römern natürlich. Doch will ich im hellenistischen Kolosseum nicht das Schwert des Heiligen Geistes gegen die gläubigen Kreuzzüge führen, denn die stehen schon seit langem auf dem religiösen Abstellgleis und warten auf die Weichenstellung des jüngsten Gerichts. Da bleibt kein Auge trocken, aber bitte nicht vor lachen, oder wollen sie um die Mundwinkel hochzuziehen in den sauren Apfel mit debiler Fleischeinlage beißen. Ich hoffe, von dieser

Selbstkasteiung, kann ich sie differenziert befreit halten. Da sie sich ja sicherlich nicht mit dem identifizieren, wovon sie selbst nicht überzeugt sind.

## Himmlische Zeiten in der Hölle

Es ist schon kross, wenn einem die Realität so ins Gesicht springt, dass einem die Kinnlade herunter fällt. Man gar nicht so genau weiß, was man davon halten soll, dass der Gegenüber, wie ein offenes Buch vor einem steht, die Texte, die man ihm rein reicht, ihm wie eine Offenbarung erscheinen und auf alles Erdenkliche sich mehr Antworten als Fragen zeigen, selbst wenn keine da waren, was ja an sich schon irritierend sein kann. Man findet sich auf eine Art und Weise wieder, die ganz nebenbei in einem anderen Lebenszustand, verzweifelnde Panik ausgelöst hätte. Wenn man nicht mit beliebiger Selbstverständlichkeit zwischen Genialität und Wahnsinn, im Garten der grausamen Pracht spazieren gehen würde. Man trägt so viel Liebe im Herzen, dass die Anderen einen vor Schreck fast kreuzigen würden. Und das nur, weil man sich auf die Ohnmacht in der Situation nicht auf dieselbe Weise einlässt. Es macht einem Angst, wie vertraut man miteinander sein kann, ohne eine Übereinkunft zu haben. Situationen wie diese können ungeahntes Aggressionspotential freisetzen. Man fühlt sich dann so ungemein beengt, Beklemmung hat schon manchen zum Mörder gemacht, weil sich derjenige mental vergewaltigt fühlt, und dann erklären sie ihm doch mal, dass, dass nicht ihr Problem ist. Verlustangst scheint wohl eines der liebsten Kinder der Menschen zu sein. Ein Wettbewerb würde alle Mittelmäßigkeit sprengen, es wäre eine ganz ernste

Angelegenheit. Man kann sich sogar auch professionell was vor machen und ist dann hipp und trendy, so cool, das diejenigen in den Medien hochgelobt gefeiert werden.

## Die, die dran glauben müssen

Ich darf ihnen heute mitteilen, dass ich soeben den Dachverband aller Glaubensrichtungen gegründet habe, um ein für alle Mal gültigen Glaubensgrundsatz festzulegen, damit Sie nun endlich davon ausgehen können, auch mal irgendwo anzukommen. Denn nach zwanzigtausend Jahren Krieg kommt ja jetzt, wie prophezeit, das Tausendjährige Reich des Friedens und gegenseitigen Ver- b.z.w Rum- Stehens, die Mittagspause also. Oder war die etwa schon und keiner hat es mit bekommen. Und damit das Ganze auch Sinn macht, lasse ich nach „ihm" jetzt auch steckbrieflich, im ganzen Universum fahnden. Die sachdienlichen Hinweise stapeln sich ja überall in der ganzen Welt. Da wir aber in der geteilten Welt leben, sind wir wieder einmal darauf reingefallen. Insofern müssen wir uns immer noch mit diesem Halbwissen rum Ärgern und stehen mal wider auf dem Schlauch, der so lang ist, dass weder der Anfang noch das Ende abzusehen sind. Doch wenn es gar keinen göttlichen Plan gibt, dann werden wir wohl die nächsten tausend Jahre nicht Überleben, denn das ist keine Glaubensfrage, für diejenigen, die Angst haben zu kurz zu kommen. Aber macht euch keine Sorgen, es wird niemand vergessen.

## Die Welt der unglücklichen Menschen

Jeder normale Mensch mit gesundem Menschenverstand weiß doch, dass man anständig, pflichtbewusst, gewissenhaft und selbstlos, anderen normalen Menschen mit gesundem Menschenverstand gegenübertritt. Aber wer versteht schon den normalen Menschen, wenn man selber weder anständig noch pflichtbewusst und schon gar nicht gewissenhaft oder selbstlos ist, mit seinem gesunden Menschenverstand. Wenn jeder meint, er hätte ein Recht darauf, alles über jeden anderen wissen zu müssen, aber sein Gegenüber völlig ignorant behandelt. Wenn jeder nur sich selber sieht, aber überhaupt nicht erkennt. Wenn es wichtiger ist, was andere von einem halten, man selber aber nicht weiß, was man von sich halten soll. Wenn Versprechen nicht zugestanden werden und Zugeständnisse nur Versprecher sind. Wenn Freundschaft nur eine Frage von Beziehungen ist, aber jede Beziehung ohne sich einen Freund schaffen, geführt wird. Wenn der Tod die Erlösung ist und nicht das Leben.

## In der Warteschleife des Lebens festhängen

Und dann kommt das böse Erwachen, eventuell die Konsequenzen ziehen, aber wohin?, in den Selbstmord?, das selbst herbeigeführte Ableben? Sticht das Ego dann wie besessen auf das ich ein und die Seele schaut zu bis sie dann gehen kann? Der Geist ist so wieso abwesend. Man bringt sich um seinen Verstand. Und nimmt sich das Leben, im selben Augenblick, wo man es beendet. Also doch kein Erwachen?, vielleicht ja danach! Der Freitod, ist man dann frei? Scheiße hat da jemand was verraten und keiner hat es mitgekriegt? So einfach ist das?, da könnte man ja glatt verzweifeln. Und dann wäre ja da noch die Art und Weise, das wie! Klassisch mit dem Strick, oder dramatisch mit dem Sprung aus grosser Höhe, das ist wichtig, es muss hoch genug sein, sonst ist es sehr gefährlich und man verletzt sich vielleicht. Auf die eigene Sicherheit sollte man schon achten, man will ja nicht Überleben und wird dann noch wegen versuchten Mordes verhaftet. Vor den Zug springen, ist auch nicht nett, dann Ärgern sich wieder so viele, weil sie zu spät irgendwo hinkommen. Rücksicht sollte man schon nehmen. Vergiften ist eigentlich die humanste Art, das wäre dann gutbürgerlich, und hinterlässt auch nicht so eine Sauerei. Man könnte ja auch eine Anzeige aufgeben, suche Serientäter zwecks Selbstmord, um Diskretion wird gebeten. Bitte nur seriöse Zuschriften. Zwanghaft veranlagte Personen sind nicht erwünscht. Ihre Unterlagen senden Sie bitte an, Oh, und nicht vergessen, man ist so schnell wieder hier, wie man gegangen ist.

**Werden sie Aktiv**

Doch fragen sie sich vielleicht, ob sie so ein belangloses Scheißleben führen würden, wenn sie jeden Morgen am Frühstückstisch zum Mörder werden könnten, weil zwanzig Jahre Alltag ihnen gegenüber sitzen und dann auch noch gut gelaunt. Ändern sie ihre Gewohnheiten, werden sie aktiv, hängen Sie sich auf, bevor es andere tun. Wie zum Beispiel irgendsoein neofaschistischer Geisteskranker, der sie wahllos aus der Menge greift und verprügelt zurücklässt, so das sie auf dem Weg zur Arbeit einen mehrwöchigen Krankenhaus Aufenthalt einlegen. Oder sie ausgerechnet in dem Flugzeug sitzen, welches entführt wird. Dann aber aus technischem

Versagen aufschlägt und detoniert. Vielleicht greifen sie ja auch zum falschen Lebensmittel, das durch die geniale Idee eines Idioten, ganz einfach Geld zu erpressen, vergiftet wurde. Richtiges Pech hätten sie auch, wenn sie völlig zerschossen am Boden verbluten, da ein misshandelter Minderjähriger einen schlechten Tag hat. Sie könnten auf der Straße neben einem explodierenden Religionsfanatiker stehen, aktivieren sie sich, bevor sie noch Schaden nehmen. Seien sie bereit, beugen sie vor, machen sie es einmal richtig.

## Die breite Masse

Wenn Sie jemand komisch anguckt, machen Sie sich nichts draus, der guckt sein ganzes Leben so, wie zum Beispiel diese verschnippelten Mitfünfziger, mit ihren „popup" Titten, die ihren Nerzkauf damit erklären, das die Neandertaler ja auch Fell trugen, um sich danach erst einmal tote Föten ins Gesicht zu schmieren, während der überbräunte Gatte sich auf seiner Luxusjacht von minderbemittelten Heiratswilligen die Eichel polieren lässt.

## Menschen wie du und ich

Alle schrien sie: „heil Hitler", doch selbst der Narzissmus, die Eigenliebe, heilte ihn nicht. Karl Marx sagte: „Religion ist Opium für das Volk", und woran glaubte er. Jesus nagelte man ans Kreuz, aus Angst vor seiner Liebe. Newton spaltete theoretisch ein Atom, das kostete Millionen das Leben. Mohammed war auch kein rächender Reiter, er kämpfte gegen das Unwissen, in dieser Welt. Sokrates wurde angehalten, sich zu vergiften, um sich selbst nicht zu verleugnen. Shakyamuni fand die Erleuchtung unter dem Buddhibaum und erkannte, dass er sie schon vor unendlicher Zeit erlangte. Sigmund Freud entwickelte die Psychoanalyse, dabei interpretierte er nur die antike Mythologie neu. Konfuzius verwirrte ein ganzes Königreich, er war „konfus" für die anderen. Nostradamus sah die nächsten zweitausend Jahre voraus. Und wann, erfüllen sich eure Prophezeiungen von selbst.

## Politik

Unerschütterliche Vergangenheits Verstrickungen, können eine ambivalente Motivations Tendenz auslösen, was fanatische Schicksals Gläubigkeit zur Folge haben könnte. Doch durch qualifizierte Aktions Konzeption ist die Zukunft Ergriffenheit systematisierte Identifikation Präferenz. Machtvolle Wesens Bewältigung mündet in funktionale Kommunikation Struktur. Keine abendländische Seins Verantwortung konnte integrierte Interpretations Relevanz hervorbringen. In freudiger Erinnerungs Besinnung konnten wir eine kreative Organisations Phase feststellen. Dieses ist eine mahnhafte Kultur Aussage mit einer permanenten Fluktuation Potenz. Und dann kommt die innige Bildungs Erhellung durch echte Beziehungs Flexibilität in tiefe Gewissens Verpflichtung. Mit konstruktiver Innovations Problematik erreichen wir eine unerschütterliche Geistes Gewissheit, in einer emanzipatorischen Koalitions Tendenz.

## Schriftsteller

Bin ich eigentlich ein Menschenfreund, manchmal, wenn ich nicht mit mir selbst beschäftigt bin. Aber wer will das hören, die, die den Leuten lauschen, die meinen, sie hätten was zu erzählen, die Schrift-Steller, an denen kein Wort vorbei kommt, die so viel zu sagen haben und ohne Unterlass ihr Erdachtes von sich geben. Unterstützt von Plattenauflegern, die genau die Musik spielen, die natürlich nicht angesagt ist, denn das ist ja mal was anderes. Hauptsache interessiert zuhören und nachdenklich aussehen. Denn das gehört ja dazu, um das Gehörte zu verinnerlichen. Und dann neu gestrickt nach Hause, beziehungsweise zur Nachlesungsfeier zu gehen, mit dem Gefühl kulturell bereichert zu sein. Um irgendwo dazu zu gehören, zu denen die nicht dazu gehören, da die ja hörig sind, die nicht da zu gehörten Zuhörer, die nicht zuhören, weil sie nicht dazu gehören, zu den Zuhörern, die sich zu den da zu gehörten Schrift-Stellern, dazugehörig fühlen. Von den Zuschauern ganz zu schweigen.

## Man berichtete mir

Das man sich entscheiden sollte, wenn man das eine hat, das andere nicht hat, oder, das man das andere nicht hat, man das eine auch nicht hat. Dann nehme ich doch lieber, beides, gleichzeitig. Wieso, wenn man, was auch immer, teilt, bleibt, was auch immer, das eine, und das andere. Also, wozu entscheiden. Sind ja eigentlich nur, was auch immer für welche, am Duft erkannte, Gerüchte. Oder, vielleicht ja auch nicht. Zweifeln sie nicht, entscheiden Sie sich.

## Tafelrunde

Wohl wahr und weise gesprochen, die Worte des Königs. Doch falle Er nicht in die Arroganz des Wissenden, so hoffe ich, dieses verhindert zu wissen. Auf des Er, unser König, eine Quelle der Inspiration sei und uns mit seinem Glanz erhelle. Damit Er uns führe, die unerschrockenen Krieger, in die Schlacht der unzähligen Abenteuer. So harre ich nun in großer Zuversicht, auf des Anfangs Woche, da Montag genannt, die Macht der Widersacher zu brechen und siegreich aus des Kampfes verschlungen Wegen zurück zukehren, um die Herrlichkeit unsers Königs zu preisen. Gott zum Gruß in Ehrerbietung ihr untertänigster Lancelot, verzeihe Er mir den ironischen Unterton, dies war zu seiner Belustigung gedacht. Es währe mir eine unerträgliche Qual, ihn missgestimmt zu wissen.

## Bitte Warten Sie

In der Monotonie des Wartezimmers schnaufte ein Schirmmützenrhinozeros vor sich hin, es war nicht angemeldet und hatte keinen Termin. Schräg gegenüber saß die kleine dicke Tochter von Barbie und kam dann auch gleich dran. Die blätternden Zeitungen im Raum füllten ihre Köpfe mit sinnlosen Artikeln, die wohl ein unter Beobachtung stehender Journalist schrieb. Das klingelnde Telefon scheuchte eine Wartende auf den Hausflur, private Gründe, die wohl keiner der Weghörenden etwas anging. Wieso sind diese Räume immer so hässlich, dass man sofort einen Dialog mit seinem Psychiater im Kopf anfangen möchte, eigentlich müssten bei der Illustrierten Auslage auch gleich Bewusstseinsaufheller rumliegen. Der röchelnde Pharmaschlucker erläutert dem angeknacksten Hüftgelenk sein Krankheitsbild. Die wohlproportionierte Praxisgehilfen in ihren Lochlederpantoffeln fragt den Notfall, ob er schon mal hier war. Die Rezeptabholerin wartet immer noch geduldig auf die Kaligraphie der Diagnosepharmazeutikerin. Als der billigfressende Auswurf mit seiner Bestrafungsberechtigten endlich aufgerufen wird, kann sich die Wasserstelze auch erleichtert in den Armlehnenstuhl zwängen. Im Belehrungszimmer wird man dann auch gleich in der dritten Person begrüßt und gefragt, was einem fehlt, als ob man hier wäre, weil man etwas verloren hätte. Dabei will man doch gar nicht wissen, was los ist, sondern eher was loswerden. Und das nimmt man dann doch wieder, mit jeder Menge Nebenwirkungen, mit nach Hause. Dort angekommen fragt die Lebensabschnittsplage, ganz unbeteiligt, ob es einem denn jetzt besser geht, da man es ja viel zu lange hinaus gezögert hätte, was ihr ja sowieso klar war. Vielleicht hätte man sich die ganze Aktion gerade sparen können, wenn man der Besserwisserin schon früher den Laufpass gegeben hätte.

## Vorhin in der Selbsthilfegruppe

Komm gerade von der, also war vorhin in der Selbsthilfegruppe. Ja hallo ich bin der André, hallo André willkommen, bin vorgestern wieder rückfällig geworden und hab geschrieben, fühl mich total scheiße deshalb, jetzt war ich schon ein halbes Jahr klar, ja man, wir kennen das, heute Morgen bin ich total verwirrt aufgewacht, und was hast du geschrieben?, Prosa, echt jetzt, oh das ist hart, da hast du es dir ja gleich richtig gegeben, ja ich weiß, wenn du erstmal über einen bestimmten Punkt raus bist, dann gibst du dir es halt echt hart, da kommst du mit Reimen und Lyrik nicht weit. Und Romane?, na ja ihr wisst ja, wie das ist, dabei hab ich damals ganz harmlos angefangen, „Tagebuch", ich dachte, ich hätte es im Griff, hab immer lange Pausen gemacht. Und dann von einem Tag auf den Anderen, hab ich ne Wurfsendung im Briefkasten gehabt und bin voll drauf gekommen, hab dann so zwanzig Seiten am Tag geschrieben, leider keine zusammenhängenden Sätze, nur wirres Zeug, war eine harte Zeit. Morgens zum Frühstück erstmal die Bild um die Aggressionen auf zu bauen, und dann stand ich schon mal zwei Tage vor meinem Kiosk, bis ich merkte, das Weihnachten war, ja, ja der Straßenverkauf, gestreckt ohne Ende, für das gute Zeug muss man schon zum Verlag. Bin mal in die Druckerei des Spiegel eingebrochen, das war geiles Zeug, total rein, wäre fast bei drauf gegangen. Ein Kollege hat mich dann mit der Praline wieder runter geholt, guter Mann, ist echt ein Freund, hat es aber leider nicht geschafft, Playboy und ne Vogue, versteht ihr? Sie habens dann noch mit nem Stern versucht, war aber schon zu spät. Ich hab mal gehört, Focus soll beim Entzug helfen. Die, die es sich leisten können, gehen zu den Privaten, alles ganz exklusiv, kleine Auflagen mit begrenzter Stückzahl, so läuft das da. Einige sind in die Werbung gegangen, oh man, hartes Pflaster, die meisten hab ich danach nie wieder gesehen. Zum Glück gibt es ja Bücher darüber, das eine war genial, hatte einfach nur weiße Seiten, nicht ganz billig gewesen, hat mir aber über die heftige Phase hinweg geholfen. Bin dann, aber doch wieder in die intellektuelle Szene abgerutscht. In der gab es so Randgruppen, die haben geheime Sitzungen abgehalten, rituelle Lesungen, über den Sinn einer höheren Macht, Poetry

Slams nannten sie das, glaube ich, sehr gefährlich kann ich euch sagen. Knallhart die Jungs, ist leider auch nicht heilbar. Da können wir uns hier noch glücklich schätzen und dankbar sein. Hab mal mit so Einem geredet, zehn Minuten länger und ich wäre heute nicht hier. Sind ja in der Vergangenheit schon so einige große Lager abgefackelt worden. Nicht nur das in Ägypten, hier bei uns auch, ja genau, öffentlich. Und doch, gerade mit dem harten Stoff, lässt sich richtig Kohle machen, da kannst du schon nach den ersten paar Zeilen, voll drauf kommen. Mit Bilderbüchern im Kindergarten fing bei mir alles an, meine Eltern haben ja nur Radio gehört, voll die Spießer. War dann mal beim Großhändler, der hatte das Zeug gleich regalweise rumstehen, das müssen Tonnen gewesen sein. Die, die trocken sind, arbeiten ja jetzt bei Wikipedia, alles selbstverwaltend, mit Adminrechten und so. Ja die alternativen Medien sind schon wichtig, doch das Darknet unterwandert ja alles. Ich hab da mal sone Wallraffnummer abgezogen, war ne gute Erfahrung. Von den Kritikern musste ja schon der Eine oder Andere seine Marke abgeben, Korruptionsverdacht, die Lügenpresse schmiert heutzutage mit ihren Fakenews, auch jeden man glaubt es immer nicht. So schnell kann man abhängig werden. Ich bin Schriftsteller und seit gestern wieder verwirrt. Ja abgefahren man, André, toll das du dich eingebracht hast, seien wir dankbar dafür oh, ich danke euch.

## Schade

Was wäre, wenn ich ein richtig geiler Typ sein könnte, na klar erstmal die coolen Bräute abschleppen, doch die sind panne. Drogen hätten dann auch ihren Sinn eingebüßt und Geld Macht und Unsterblichkeit wären natürlich selbstverständlich.

Nur wofür bräuchte ich dann noch euch, ihr könntet ja niemals so geil sein wie ich, da ich es ja sonst nicht mehr wäre, ist doch logisch, oder. Mein euch unbekanntes Flugobjekt wäre der Hammer und euer Neid mein Lebenselixier. Jeden Tag würde ich mich von euch feiern lassen, grade weil ihr mir egal wäret. Und euch würde immer wieder nur die Frage ins Gesicht geschrieben stehen, Wie macht er das nur. Tja wenn ihr auch richtig geil wäret, wüsstet ihr es. Aber das geht ja nicht, wie ihr ja wisst. Also was ist euer Problem, ich steh hier und ihr hockt da unten. Ist doch offensichtlich. Ihr seid heute aber auch wieder zickig, Muschi, Muschi, Muschi. Ich hab euch nie versprochen, dass ihr auch so richtig geil sein könnt. Böse ist, wer so etwas von mir denkt, da erzähle ich euch einmal die Wahrheit und ihr wollt mich gleich ans Kreuz nageln, zwischen Diebe und Schänder hängen. Aber macht euch keine Sorgen ich bin es ja nicht, ich bin ein Verlierer, genau, ich hab nämlich was verloren, meine Zuversicht, dass das nicht alles ist in meinem Leben, das Liebe nur den Schatten verdrängt und nicht auflöst oder sonst irgendetwas Abgefahrenes damit macht, wie ja postuliert wird, und wir sind selber schuld daran, von Geburt. Doch wenn wir denken, wir sind es nicht, sind wir es trotzdem. Dumm gelaufen so zu sagen, auch laufen kann er auch schon, dann muss er ja ein richtig geiler Typ sein. Nee leider nicht, schade oder, das findet ihr doch auch, nicht wahr. Nein sagt es nicht, ich will das gar nicht hören. Insgeheim weiß ich nämlich das ich richtig geil bin. Und ihr, ihr habt die Wahl, aber das erzähle ich euch nicht. Ich bin ja nicht Dumm. Steht erstmal hier, dann wisst ihr wieso. Ist nur die Frage, wer sich jetzt gerade prostituiert, Ihr mit euren fünf Euro Eintritt, oder ich für ein lauwarmes Dankeschön und ein Kaltgetränk.

Entschuldigt, es sind ja zwei, das ändert natürlich alles. Seht ihr, manchmal hilft es schon, darüber zu reden. Also ziert euch nicht, lasst uns das jetzt einer für alle mal klären. Wer möchte, tja schon wieder zu spät, so ein Pech. Der Schwefel kommt dann mit meinem Kollegen, dem Gehörnten. Nein alles gut der hat auch Flügel, dann kann er ja gar nicht so scheiße sein. Nur keine Angst kommt ruhig näher, meine kleinen Seelenfreunde. Ich beiße nicht. Ich warte schon so lange auf euch, psst, wollt ihr vielleicht richtig geil sein. Ich kann das für euch machen, nein, nein, das sind keine Lügen, die ich euch hier erzähle. Das könnt ihr mir glauben. Wirklich, ja, warum sollte ich euch etwas verschweigen, das macht doch gar keinen Sinn, ihr würdet es doch so wieso früher oder eben später herausfinden. Wo war noch mal der Ausgang aus dem Labyrinth. Ne, ne, so nicht, erst müsst ihr mit dem Ungeheuer kämpfen. In meinen Augen seid ihr es vielleicht. Ist nur so eine Ahnung, aber was weiß ich schon. Obwohl das würde dann auch die Sache mit der Schuld erklären, oder habe ich da was falsch verstanden. Oh ja klar, das eine hat ja nichts mit dem anderen zu tun. Schade hätte es einfacher gemacht. Aber so, kein Wunder, wenn man dann komisch kuckt und das schon so lange, das die anderen es auch für normal hallten, und man sich dann gegenseitig beipflichten kann. Super, auch einer von uns, Gott sei Dank. Ach wirklich, und was war jetzt mit dem anderen Kollegen, der hatte uns doch auch was versprochen, oder. Und beide wollen, dass du es freiwillig machst. Das scheint wohl die Bedingung zu sein. Nicht für sie, nur für uns, damit wir mitspielen dürfen. Da warten dann auch spektakuläre Preise auf uns und selbst die haben wiederum ihren Preis, verrückt oder, genau dann müssen wir das Bild wieder zurechtrücken, das machen aber auch gerne andere für uns, das ist gar kein Problem. Und wir Bedanken uns dann auch noch bei ihnen, alles andere wäre unhöflich und so etwas macht man ja nicht. Obwohl, doch eigentlich haben viele keinen Anstand mehr, schlimm, wo soll das nur hinführen, eh psst, zum Ausgang vom Irrgarten vielleicht. Aber nicht enttäuscht sein wenn nicht. Ich hab das Spiel nicht erfunden, ich hab nur die Würfel in der Hand, hat mir mein Vater vermacht und ihm sein Vater, der du bist im Himmel. Und ich will jetzt meinen Kuchen, das ist meine Party, also los jetzt. Ich hab schon lange genug gewartet, jetzt bin ich auch mal an der Reihe. Und ihr, könnt mich alle mal gern haben. Das meine ich erst. Oh, entschuldigt, dazu muss man sich ja auch selber mögen, sorry mein Fehler, hatte ich gerade nicht auf dem Schirm. Na gut, steh ich halt auch mal im Regen, aber jetzt nicht hier stehen lassen O.K., Bitte nicht schon wieder, so langsam hab ich kein Bock mehr zum Abschießen. Nachladen wäre auch eine gute Idee und sich dann neu Ziele setzen, wohin wird man ja dann später sehen. War bis jetzt jedenfalls immer so. Ah, so langsam wisst ihr, wie der Hase läuft, nur eben noch nicht wohin, das wissen wir, wenn er es dann auch macht und nicht nur so tut als ob. Hacken schlagen liegt in seiner Natur, müsst ihr wissen. Und deshalb ist diese Metapher einfach nur scheiße. Ja fuck you, Morpheus. Nah komm, wirf das erste Stück Kuchen. Platsch, wie lustig, was haben wir gelacht. Ja war ne geile Party, stimmt, war richtig geil, ach Schade schon wieder vorbei. Beim nächsten mal machen wir das aber richtig, das können wir doch besser und wenn es kein nächstes Mal gibt?, ja Schade, wie schon gesagt. Doch was wäre, wenn ich ein richtig geiler Typ sein könnte.

## Der eigene Abgrund und seine Vorzüge

Die ganzen Verzweiflungstaten die so, den ganzen Tag, an ihnen vorbeilaufen und das nur, weil ihre Eltern lange Weile hatten, könnten Sie schon zum Nachdenken bringen. Es soll ja Ausnahmen geben, doch ohne Empathie und Mitgefühl wären auch Sie immer noch einer der Unwissenden unter Ihnen. Und dann stehen Sie da mit ihrem Tomatenbrot in der Hand und fragen sich wo sind denn jetzt die Anderen. Mein Rat wäre, dass erst mal ab zu schalten, bevor Sie nach Hause gehen, doch das Zuhause ist vielleicht auch nur ein Hamsterkäfig mit einem Rad an dem Sie drehen. Und ich rede nicht von dem vierhundert Quadratmeter Loft, in dem Sie leben könnten, mit dem dazugehörigen Fuhrpark. Hat Sie nie jemand bei Seite genommen und ihnen mal dies und jenes grundsätzlich erklärt. Oder waren Sie schon immer ein Einzelschicksal. Obwohl auf die eine oder andere Weise sind wir das ja alle. Ja ich weiß, Sie wollten nur ihren Spaß, ich meinte ihre Eltern. Das ist nicht witzig, oh, Sie haben keinen Humor und das bei ihrer Herkunft. Glauben sie mir, ich weiß, wovon ich rede, wie könnte ich darüber schreiben, wenn ich es nicht selber erleben würde. Aber das interessiert Sie wohl eher nicht, denn manchmal Bedarf es einfach einer Entscheidung die dann Ereignisse nach sich ziehen die sich erst einmal nicht gut anfühlen, dann aber doch eine Befreiung mit sich bringen. Und dann findet man sein Schicksal auf Wegen wieder, auf denen man versucht, ihm zu entgehen. Entweder ist man dann ein Teil des Problems, ein Teil der Lösung oder einfach nur noch ein Teil der Landschaft. In diesem Fall kommen dann irgendwelche Leute und legen ihnen Blumen auf den Kopf. Einer von ihnen fühlt sich dann auch noch dazu berufen lustige Geschichten über Sie zu erfinden und weiß dann auch noch ganz genau wo Sie jetzt hingehen und was Sie da so treiben, als ob er gestern erst da gewesen wäre. Da fragt man sich, wer hier eigentlich noch klaren Verstandes ist. Eine schräge Vorgeschichte hat hier wohl jeder, oder kennen Sie irgendwelche normalen Menschen, außer sich selbst natürlich. Na ja, wie dem auch sei, ansonsten sollten Sie sich gelegentlich auch mal wieder im Spiegel betrachten, mit etwas Glück entdecken Sie ja neue Merkwürdigkeiten an sich, was dann auch zur Belustigung der Anderen beitragen kann. Wenigstens hätten die dann ihren Spaß, sie brauchen ihn ja nicht mehr, bei dem Anblick denn Sie jetzt bieten. Doch ihr Karma wird Sie auch die andere Seite von der Medaille kennenlernen lassen damit Sie nicht das Gesamtbild aus den Augen verlieren. Mit dem zusätzlichen Auge auf der Stirn könnten Sie dann auch sowas wie eine Erleuchtung erlangen, vorausgesetzt es wird eine ganzheitliche Betrachtung. Und da sind wir dann auch wieder bei dem eigenen Abgrund, der auch gerne mal zurück winkt. Also wenn das jetzt kein Zeichen ist, sind Sie wohl eher ein ganz Schlauer, der sich gerade selber austrickst. Aber das kennen Sie ja schon von den letzten Malen, wo Sie ins Stolpern geraten sind. Doch mittlerweile wird ihre Fallhöhe immer größer und wenn Sie dann zermatscht am Boden liegen, kommen ja wieder die Leute mit den Blumen, doch dieses Mal, um sie zu beglückwünschen, das Sie jetzt jemand von ihnen sind. Da das geteilte Leid sie davon ab hält glücklich zu sein, auch wenn es für Sie nur halb so schmerzhaft sein soll. Und fühlen Sie sich jetzt geläutert. Genau, das passiert ihnen nie wieder, bis es ihnen dann wieder passiert. Setzen Sie sich doch einfach mal neue Ziele. Doch wundern Sie sich nicht, wenn Sie genau da wieder ankommen, wo Sie losgelaufen sind, hätte aber den Vorteil das Sie sich in den Arsch beißen könnten und dann denen im Weg stehen, die das gleiche vor hatten. Wie Sie sehen habe ich auch keine Lösung für ihr Problem, da mir es auch nicht anders geht als Ihnen. Und so dementieren manche Leute dann auch gleich, winken ab und sagen, wie kann man nur und geht ja gar nicht. Doch, doch und wie das geht, fragt sich nur wohin, natürlich genau zu den eigenen Unzulänglichkeiten, die dann auch sofort die Mottoschilder, mit genau den Sprüchen, hochhalten. So das hätten wir also jetzt geklärt, kommen wir nun zu der sich daraus ergebenden Frage, wie kommt man auf die andere Seite, da wo die Sonne scheint, wo das Grass grüner ist, wo Milch und Honig fließen, ins Paradies so zu sagen. Ich sag es Ihnen ja ungern, Sie müssen jetzt ganz tapfer sein, entspannen Sie sich, seien Sie ganz locker, schön in den Bauch atmen, lassen Sie ihren Gedanken freien Lauf, und merken Sie schon was, vielleicht eine gewisse Leichtigkeit. Können Sie sich noch an die Zeit vor ihrem dritten Lebensjahr erinnern, nicht, sollten Sie aber, den da waren Sie noch dort, wo es kein Anfang und kein Ende gab. Da waren Sie noch in der Zeitlosigkeit, ihre Welt war noch bunt, nicht schwarzweiß oder grau so wie jetzt, wo Sie sich wie ein Blinder durch den Nebel tasten, spiegelverkehrt wären sie dann auch endlich wieder im Leben, das nennt man dann Rückführung, die sogar kostenlos ist und nicht wie alles andere im Leben, seinen Preis hat. Jetzt stehen Sie also da, mit Ihrem Puzzleteil und ganz langsam dämmert es Ihnen, ihr ganzes Leben lang haben sie ein Puzzleteil nach dem anderen auf gesammelt. Und so geschieht etwas Wunderbares, Sie fügen sich zu einem Bild zusammen, zu einem Bild, was sie erleben, Sie fühlen es, denn es berührt Sie wie ein göttlicher Funke, es ist die bedingungslose Liebe, durch die Sie verstehen. Sie erleben sie, die Absicht als Ganzes, dass es kein richtig oder falsch gibt, dass ihr persönlicher Weg sie genau da hingeführt hat, hätte nur ein Puzzleteil gefehlt, wären Sie jetzt nicht da, wo sie sind, und ihr Verständnis wäre ein anderes, ist es aber nicht. Doch ich kann Sie nur neugierig machen, Sie inspirieren so, wie ich inspiriert werde, da das mein Weg ist, zu dem ich mich entschieden habe, in diesem Leben, den Weg des Künstlers, als solcher wurde ich geboren, so bin ich der Diener meiner eigenen Muse, bin Betrachter und Getriebener zugleich, der schöpft aus dem Ungewissen, das ist es, was mir mein Puzzle zeigt, jeden Tag ein bisschen mehr.

## Die Suche nach dem Sinn des Wahnes

Wie kann man etwas erfassen, was sich jedem Bezug entzieht und ein Ansatzpunkt nicht greifbar wird. Die vermeintlichen Erklärungen führen zu keinem wirklich rationalen Verständnis, da es genau das nicht ist. Die Grausamkeit hat Methode und ist doch nicht nachvollziehbar. Wir sind nur die Arbeitssklaven, denen die ganze Zeit was über Liebe erzählt wird, durch die Arroganz der vermeintlich Wissenden. Man solle sich in Geduld üben, um zu einer Erkenntnis zu gelangen, die aus Halbwahrheiten ein umfassendes Bild macht. Und so fängt man an das, was sich einem entzogen hat, genau damit zu erklären, um es sich erträglicher zu machen. Die Kontrolleure halten uns dazu an, uns selber zu kontrollieren. Es wird einem gesagt, was man wie zu erkennen hat und wie es dann richtig zu verstehen ist. Mit diesen vorgegebenen Antworten soll man sich dann sein eigenes Bild machen. Es werden immer andere zitiert, damit man selber den Ursprung nicht kennt. So ist man getrieben, zur Ruhe zu kommen. Die eigenen Schlussfolgerungen werden einem eingepflanzt. Und ist dann so sehr damit beschäftigt, es endlich mal richtig zu machen, dass man gar nicht mit bekommt, wie man immerzu seinen eigenen Fußspuren, hinterher rennt. Es spiegelt sich die Vergangenheit über die Gegenwart in die Zukunft. Doch der entscheidende Punkt an dem ganzen Szenario ist, das du nur über die Täuschung die wahre Wirklichkeit erkennst und darüber hinaus Sie als Illusion dann auch in anderen Situationen wiederfindest, das heißt, du schaffst dir deine eigene Realität, die sich dann auch real in dem widerspiegelt was die anderen dir reflektieren, so das du dir eine Meinung bildest, die sich selbst begründet. Die Antworten daraus befragen sich selbst um einen Grund für dein Streben zu liefern. Du befindest dich also auf einer endlos Spirale, die dir das Gefühl gibt, entweder nach unten gezogen, oder emporgehoben zu werden. Das den Eindruck vermittelt, dass es mit dir und ohne dein Zutun geschieht. So schließt du unweigerlich auf eine höhere Macht, die dich lenkt. Der Schicksalsgedanke läuft auf der einen und anderen Seite neben dir her und hält jede Menge philosophische Andock-Möglichkeiten bereit. Doch die, die darüber reden, wissen es nicht, den die, die es wissen, reden nicht darüber, da es sich jeder Erklärung entzieht. Das ist so zu verstehen, dass jegliche Definition in dem Moment, wo Sie ausgesprochen wurde, zum Teil der Vergangenheit wird und somit nicht mehr der Gegenwart entspricht, da diese durch den stetigen Wandel schon wieder eine andere ist. Und das ist doch der Wahnsinn oder?

## Der graue Schleier

Die Meisten haben immer eine Meinung über etwas, das sie nicht verstehen. Sich bloß nicht die Blöße geben, etwas nicht zu wissen, von etwas keine Ahnung zu haben. Oder, einfach nur eigennützig, helfen zu wollen und zu behaupten, das Eine hätte mit dem Anderen nichts zu tun. Doch irgendwie hat es gerade dann sehr viel damit zu tun, je mehr dagegen an debattiert wird, das ist halt meine Meinung heißt es dann. Man kann auch eine Meinung zur Schwerkraft haben, das ändert sie aber nicht. Und Freunde hat man auch nur so lange, wie man sich in dem Rahmen, des Vermögens des anderen bewegt ansonsten heißt es dann, ich hätte nicht geglaubt, das du dich noch mal meldest. Oder, gut das ich dich erreiche, ich muss dir unbedingt was erzählen. Das hat aber, in den seltensten Fällen etwas mit einem selbst zu tun. Gerne beginnt derjenige dann mit, ich will dir ja nicht die Laune verderben aber, und man dann keinen vollständigen Satz sagen kann, ohne unterbrochen zu werden. Kurze Zeit später wird sich dann entschuldigt, man hätte ja gar keine Zeit, und man könne ja später noch mal sprechen, genau, ist nur eher selten, dann auch geschehen. Ja ja die guten Kumpel, wieso sind die Anderen einem so wichtig, es ist doch so wieso immer nur ein Spiel auf Zeit, selbst das eigene Leben hier auf diesem Planeten, ist auch nur eines von vielen und das sowohl als auch. Also wozu die ganze Aufregung, wir sind ja alle so furchtbar wichtig und ich bin der Chef hier, damit das gleich allen klar ist. Gut, natürlich wer sonst, sieht man doch sofort, wer hier Macher ist und wer gemacht wird, von den Mächtigen. Alles geistige Zwerge, die ihr Brett vor dem Kopf, wie die

Fackel der Wahrhaftigkeit vor sich her tragen. Alles nur Labertaschen, mit dir spiel ich nicht mehr, Mama der ist doof, gleich hol ich meinen großen Bruder, bla bla bla, Sandkastenspiele im Kindergarten, wie wäre es den zur Abwechslung mal, mit ner heißen MILF mit Honig, oder brauch Oma wieder ihr Zäpfchen. Na wo sind jetzt die Neinsager, die bösen Jungs, vor denen man soviel Angst hat, ich glaube, die größte Angst hat man vor sich selbst. Wie wäre es zur Abwechslung mal, erst zu verstehen und dann zu handeln, doch man ist so sehr damit beschäftigt Eigentore zu schießen, dass man nicht mehr weiß, wie es ist, es sein zu lassen. Den freien Willen hatten wir, als wir uns entschieden hierher zu kommen, jetzt heißt nur immer wieder, Tor Eins, Zwei oder Drei, und der Zonk, ist ein kleiner blöder roter Hund, der uns hinterherläuft und Futter will, damit er uns nicht in den Arsch beißt, den die Letzten, ja genau das kennen Sie ja schon, jeder weiß detailliert und ganz genau, wie man in die Scheiße greifen kann, die dieser Drecksköter hinterlässt. Ne, ne, damit hab ich nichts zu tun, das war der da, was für ein Hundeleben. Jetzt zeigt man verzweifelt, mit dem Finger auf die Anderen und merkt gar nicht, das man mit seien anderen Fingern die ganze Zeit auf sich selber zeigt. Ups, wo war noch mal, die eigene Nase, kleiner Tipp, mitten in der Visage. Da hatten sie wohl nicht den richtigen Riecher, was. Wenn Sie sich jetzt dabei erwischen, wie sie mit dem Kamm am Spiegel herum kratzen, sollten sie vielleicht verstehen das sie ihrem Spiegelbild nicht die Haare kämmen können. Wenn Sie, wo anders ankommen wollen, hören Sie auf dieselben Wege zu gehen. Wenn man nichts zum Werfen hat, ist es scheißegal, wo man sitzt. Woher wissen wir eigentlich, wenn wir abends einschlafen, das wir am nächsten Morgen, in demselben Leben wieder aufwachen. Doch positive Selbsttäuschung ist ein normaler und vorteilhafter Teil der meisten Menschen. Es hat sich nämlich herausgestellt, Menschen belügen sich selbst in Bezug auf drei Dinge, sie haben ein unangemessen positives Bild von sich selbst, sie denken sie hätten viel mehr Kontrolle über ihr Leben, als es tatsächlich der Fall ist, und sie sind überzeugt, das die Zukunft besser sein wird, als es die Faktenlage der Gegenwart rechtfertigen könnte, aber Sie sind darüber jetzt weit hinaus, sie sind auf der anderen Seite des Spiegels, die Selbstlüge hilft ihnen jetzt nicht mehr, also bitte sagen sie es mir, warum sind sie hier?

## Der innere Schweinehund

Wie der wohl äußerlich in Erscheinung tritt, vielleicht ja mit zotteligem Fell, total verfilzt, würde ja auch zum Thema passen. Aggressiv mit Schlappohren, oder eher devot, gegen den Strich gebürstet. Ein Klever, mit heiserem Gebrüll und Mundfäule, könnte es auch sein. Wie auch immer, gern gesehen ist er in jedem Fall nicht. Doch läuft er einem überall, immer wieder über den Weg. Und wenn er sich dann auch noch an deinem Bein auf geilet, weißt du, das du ihn doch nicht so schnell loswirst, wie du dachtest. Er ist halt sehr anhänglich, ein treuer Begleiter, auf all deinen Wegen. Füttern tust du ihn ja eher unfreiwillig und mit was, entzieht sich ja meistens deiner Kenntnis. Das wird er dir auch nicht auf die Nase binden, ist für ihn nämlich überlebenswichtig. Nur ohne ihn macht das Leben ja auch keinen Spaß. Wäre doch langweilig, so ganz ohne Zähnefletschen. Nicht vergessen, man selbst ist das Alfa-Tier, das kann unter Umständen entscheidend sein für die weiteren Lebensumstände. Ein Spaziergang wird dann auch schnell mal zu Abenteuer und man lernt dann Leute kennen, die man doch lieber von der anderen Straßenseite aus beobachtet hätte. Doch die kommen auch gerne zu einem rüber, um den inneren Schweinehund genauer kennen zu lernen. Ein Paarungsritual ist auch dann nicht mehr ausgeschlossen. Und bringt dann ungewollte Zöglinge hervor. Mit etwas Glück rennen sie einem nicht hinterher und suchen sich ein neues Herrchen. Als Frauchen ist das aber eher unwahrscheinlich. Obwohl der lüsterne Bock unbedingt über sie rüber rutschen würde. Natürlich mit jeder Menge Folgern die ihn anfeuern und es dann bei „dein Rohr" veröffentlichen. Ein voller Erfolg, für alle Beteiligten, so scheint es. Vorsicht ist auf alle Fälle geboten, wenn er sich in die Enge getrieben fühlt. Die eigene Ignoranz ist nämlich sein Futtertrog. Bissigkeiten sind dann auch keine Seltenheit. Doch in der Regel, legt eher er einem den Maulkorb an. Weil ihm, dass rum Geheule, so langsam aber sicher auf die Nerven geht. Steuern beziehungsweise Abgaben muss man für ihn, ja zum Glück noch nicht zahlen, doch seinen Preis hat es schon, wenn man ständig seine Haufen wegmachen muss und dadurch immer wieder in die Scheiße greift. Das kleine Beutelchen mit dem Sicherheitsknoten, ist auch nicht gerade kleidsam an der Hand mit der Leine, mit welcher er im Zaum gehalten werden muss, worauf man ja, durch gewisse Schilder, überall hingewiesen wird. Ich glaube, die Intension der Aufsteller war wohl eher eine andere. Ihr innerer Schweinehund hat sie wohl nicht dazu getrieben. Obwohl wer weiß, vielleicht sind das ja ganz durchtriebene Halunken, die genau wissen warum sie das tun. Ab und zu sollte man seinem Pflegefall auch mal die Krallen stutzen, damit er nicht übermütig wird. Das kann schnell mal Wunden hinterlassen, die gegebenenfalls eitern und nie richtig verheilen. Es gibt ja einen ganzen Berufszweig dafür, damit man auch genau weiß, wie man sich die Wunden zu lecken hat. Denn wer braucht schon lästig juckende Narben und das auch noch im Gesicht, wo sie jeder sehen kann. Man geht ja im Allgemeinen davon aus, dass es kein Kampf auf Leben und Tod ist. Zu mindestens nicht für einen selbst. Doch wer macht schon gerne Zugeständnisse, wenn er mit dem Rücken an der Wand steht. Nur gibt es einen besseren Zeitpunkt dafür? Lassen wir uns überraschen, wenn es dann so weit ist.

## Lästerliche Nachrede

Oh Schatz, kuck mal da ein surrealistischer Ausrutscher. Der Schwachmat weiß ja noch nicht mal wie er nach Hause kommt, bei seinem Alten hat das Blut wohl nie den Kopf erreicht und die verseuchte Dreckshure von Mutter, kam wohl schreiend aus dem Bad gerannt, als sie die degenerierte Ausgeburt im Klo entdeckte, beziehungsweise hinter sich her zog. Das ist nicht komisch, doch wenn ich hier so in die Runde gucke, verstehe ich auch wieso. Wie gut das der kleine Kopf für den großen denkt, sonst wären wir schon längst ausgestorben. Oh das verstehen Sie nicht, ach was, wirklich, komisch oder. Ich will ja keine böse Absicht unterstellen, aber sie wissen schon, was sie hier wollen, oder, hatten sie nur lange Weile, wäre ja nicht das erste Mal. Aber mal ganz ehrlich, der Typ oder die Tussi neben ihnen, gehen ja wohl gar nicht, dass ihnen das aber überhaupt nicht peinlich ist, spricht ja schon wieder für sie. Und setzt es, bei ihnen jetzt schon aus, ja die Lücken werden größer. Hab ich gleich gesehen, na ja ist ja auch offensichtlich, sie gucken so komisch, ach sorry das tun sie ja bekannter weise schon immer. Mein Fehler fällt aber hier nicht weiter auf, da muss ich mir schon mehr Mühe geben, doch ihr Level werde ich wohl nie erreichen, das liegt in der Natur der Sache, so als fehlgeleiteter Evolutionsstrang. Jetzt weiß ich auch, warum sie sich für was besonders halten. Manche von Ihnen denken ja sie wären berufen, wenn nicht gar der Auserwählte, Arbeit am Menschen nennt man das doch oder, das Einzige, was hier menschlich ist, sind ihre Exkremente. Und ihre oralen Ausscheidungen, sind auch zu vernachlässigen. Das ist mehr geistiger Dünnschiss, Sie sind doch nur ihr eigenes krankes Experiment. Das denkt, es wäre selbstreflektiert. Die Krone der Schöpfung ist wohl mehr der geschöpfte Abschaum, von etwas, das keinen Wohlgeruch hinterlässt. Und ihre, so schon dargestellten Missbildungen, haben auch nur insofern was mit Fortschritt zu tun, als das Sie sich das von ihnen Abgucken, was Sie Entwicklung nennen. Doch das, was da aus gepackt wird, sind auch nur die ausgekotzten Überreste ihrer verblödeten Eltern. Ich hoffe für Sie, das, Sie das, jetzt nicht persönlich genommen haben und sich davon distanzieren können, der Abstand zu sich selbst ist nämlich die einzige Möglichkeit für sie, auch nur einen Weiterntag zu überleben, ohne von ihren Mitstreitern, auf das übelste in den Schmutz gezogen zu werden, den aus dem Sumpf, des eigenen Unvermögens, kommen sie, sowieso nicht raus, vergessen sie es einfach, nehmen sie sich ein Beispiel an ihren Mitmenschen. Über die ziehen sie ja sowieso die ganze Zeit her und glauben Sie, die machen das nicht genau so. Die Frauen denken sie sind alternativlos, die Männer stehen mit runtergelassener Hose daneben und schauen, als ob Sie beim

Kacken merken, dass das Klopapier alle ist und sie aus der Küche Neues holen müssen. Aber was weiß ich schon, geht mich ja auch nichts an. Ich zerreiß mir nicht das Maul darüber, das habt ihr von ganz allein hin gekriegt. Da brauch ich auch keine, drei Wünsche für, von so nem Spacken, aus ner Flasche. Scheiß auf den und alle, die so aussehen und daneben stehen. Wäre doch jetzt mal ne gute Idee etwas ruhiger zu treten, oder. Ruhiger treten, wenn denn? Pass auf, ich nehm den in der Mitte, der muss als Erster fallen, kein Problem, ich nehm die Drei rechts, bereit ?, klar was sonst, ist doch ne Lachnummer, die Reihe da vor uns. Und kommt auf die Fresse, noch was drauf. Ne ne alles gut, ich hab ihm nur das Fadenkreuz auf die Stirn gemalt, abgedrückt hat er alleine. Neulich hab ich einen geilen Typen kennengelernt, der hat mir sogar die Tür auf gehalten, als ich ihm sein Kaffee hinterhergetragen habe.

## Kleingeistige Verzweifelungen

Wen klagen wir eigentlich unser ganzes Leben lang an, wer ist schuld, wen beschimpfen wir, werden zornig, ungehalten, wie ausgewechselt, wenn wir eine vermeintliche Ungerechtigkeit sehen. Woher kommt diese ganze Wut, dieser Schmerz. Die meisten stehen machtlos daneben oder beschwichtigen einen, andere Gehen einfach weg, meiden einen dann, oh der ist komisch, ich dachte, wir sind doch alle so erwachsen, na ja er hatte ne schwierige Zeit und dann ist es die Familie, der Vater, Bruder oder die Mutter, Schwester oder der Job, der Schicksalsschlag, die finanzielle Situation. Ja ja, schlimm, oder, der Arme, da kann man nichts machen, so ist das Leben und hast du schon gehört, der hat sich erschossen, was, wie konnte er nur. Und dann grüßen wir die Nachbarin nett und denken, die Schlampe hat ja schon wieder nen Neuen. Ach ja, die gute alte Zeit, war damals schon scheiße, aber heute, harte Zeiten, für harte Jungs, doch aus dem Alter bin ich ja raus, doch wenn ich noch mal so könnte wie ich wollte, dann würde ich denen zeigen, wo der Hammer hängt, diese Rotzlöffel von heute, mit ihren Tussis, kein Benehmen, und wie die rumlaufen, man, man, man, die landen doch alle in der Gosse, dreckspack, geschieht ihnen recht, die haben ja auch nichts Besseres verdient. Ich konnte ja nicht anders, seit Trude tot ist, musste ich mir ja ne kleinere Wohnung nehmen. Ey, Opa was los, kommst nicht mehr die Treppe rauf oder was, soll Chantal dir vielleicht helfen, für nen happy Ending, die Bitch hat das krass drauf, ohne Flecken, man, los lass rüberwachsen den Schotter, sonst machen die Facker, dich Krankenhaus, und rutschen über dein Dummfick von Tochter rüber, klar. So das Klischee ist bedient, doch der geistige Durchbruch lässt auf sich warten, „Alternativ" ist ja jetzt zum Glück, alternativlos. Und politisch, ist das Unerwünschte, Rechts und Radikal, eine Verschwörungstheorie und ganz klar Terrorismus. Die Achse des Bösen ist aber nur der Spiegel, in den sie rein schauen, um sich noch mal die Krawatte zu richten oder das Kostüm zurechtzuzupfen, dann vor die Kamera zu treten und uns zu erklären, wer wirklich die bösen Mächte sind, doch dank des Internets, wissen wir ja Bescheid, wir, die sich engagieren, die, die Wahrheit kennen, dank YouTube, Crowdfunding und den richtigen Webseiten. Doch bitte nicht böse sein, man kann dieses Spiel nicht von außen betrachten, man ist immer mitten drin, statt nur dabei. Und sie sitzen auch nicht in der ersten Reihe, sie stehen oben auf der Bühne, für alle gut sichtbar und spielen ihre Rolle, ob Sie das nun wahrhaben wollen oder nicht, ist dann halt ein Teil ihres Skripts, an dem sie sich so krampfhaft festhalten. Auch übrigens, ihre Notfallstrategie, steht gleich, in Klammern, dahinter, nur für den Fall das sie die Souffleuse, mal nicht verstehen, wenn Sie Ihnen die Wahrheit ins Ohr flüstert. Weil Sie zu sehr mit sich selbst beschäftigt sind, Entschuldigung, mit dem, was sie glauben, zu sein. Es wird auch sehr genau darauf geachtet, ob Sie das Wesen ihrer Rolle auch richtig verstanden haben und brav ihren Text, an den richtigen Stellen, aufsagen. Beim Casting für ihr Leben waren Sie ja mit den Bedingungen einverstanden und nur, weil Sie sich nicht mehr daran erinnern, heißt es ja nicht das diese nicht mehr gelten. Ach ja richtig, Sie glauben ja immer noch, ihre Meinung ist wichtig. Doch leider muss ich sie enttäuschen, also der Täuschung entziehen, ihre Meinung spiegelt nur das wieder, was man ihnen ihr ganzes Leben lang beigebracht hat. Doch bitte glauben Sie mir kein Wort, oder machen mich verantwortlich, ich spiel hier auch nur meine Rolle und glauben sie mir, hinter dem Vorhang wartet schon der Nächste, um weggezogen zu werden, es gibt immer noch eine Wahrheit hinter der, die Sie glauben entdeckt zu haben. Sieht alles irgendwie, so nach, ohne Ausweg aus. Aber hallo, Sie sind doch hier, um mitzuspielen, oder, es zwingt sie doch keiner, etwas zu tun, was Sie nicht wollen, Sie leben doch in einem freien Land und bestimmen selbst über ihr Leben, wenn Ihnen was nicht gefällt, können Sie das doch ändern. Sie glauben doch nicht, dass ihre Möglichkeiten begrenzt sind, oder? Es dauert halt manchmal nur etwas länger, nicht wahr. Nah sehen Sie, alles gut, ich wollte doch nur mal rausfinden, ob Sie standhaft sind und eine starke Persönlichkeit haben, ob Ihnen Ihr Leben Spaß macht und Sie glücklich sind, so alles in allem. Eigentlich können Sie nicht klagen, das ist gut. Ja klar, wenn man sich das Leben von manch Anderem so ansieht, haben Sie ja noch richtig Glück gehabt, nur gut das sie nicht noch mehr Glück hatten, in ihrem Leben. Wer weiß, wo das hingeführt hätte und ob Sie überhaupt damit einverstanden gewesen wären. Aber nützt ja nichts, muss ja, ist halt so, kann man nichts machen.

## Ja genau eine Party

Wie jetzt, wir sind hier, um von der geistigen Versklavung wieder zurück in die Freiheit zu stolpern. Das Ziel ist weg und der Weg dort hin, führt in die Leere. Also gehen wir nur, um wieder zu kommen, oder was? Das ist doch albern, hör sofort mit dem Blödsinn auf, sonst komm ich dir gleich rauf. Die Leiter zum Erfolg führt, in diesem Fall auch leider nicht in den Himmel. Was fällt dir den ein, das geht auf gar keinen Fall. Wo kämen wir den da hin. Ich glaube, die Frage ist durchaus berechtigt. Genau, Vater der du bist im Himmel, ey, Papi, ich will mehr Taschengeld. Doch Gott macht Urlaub, jehu endlich sturmfreie Bude. Der Pullover Gay aus der ersten Reihe, saß da schon in der Schule, er strikt sie sich selber, das ist genau seine Masche. Einmal Modedesigner sein, ist das Motto. Sein Lover findet das auch ganz toll und steht zu ihm. Tja, die Mittel des Maßes machen halt vor niemandem halt. Ich glaub, ich bin doch schwul. Sorry Ladys, lasst uns doch Freunde bleiben. Ich helfe euch auch beim Umzug, ich kann auch nett sein. Denkt man gar nicht, wenn man mich so sieht, oder? Die meisten hoffen ja auch, wenn sie umschalten, wird das Programm besser. Doch wir aus der letzten Reihe waren ja schon immer die Revolutzer, doch die meisten von uns haben sich ja schon den goldenen Schuss gesetzt. Die etwas anderen Aussteiger, wurden dann Jünger von was weiß ich wem. Eine Heilslehre haben ja viele parat und wenn es auch nur Stammtisch Weisheiten sind. Doch einen Krieg kann man mit denen nicht gewinnen. Wozu auch, ist ja albern. Doch irgendwie können wir wohl nicht anderes, wie man ja an der Menschheitsgeschichte sieht. Doch die Hoffnung stirbt zuletzt, nur wem nützt sie dann noch, ist ja keiner mehr hier. Gut, endlich Frieden, genau, Schluss mit lustig. Wer mit einer Einkaufsliste losrennt, kann sich wohl nicht merken, was er will. Dumm gelaufen so zu sagen. So ganz neben bei, mal unter uns, braten sie sich auch gerne Leichenteile, um dem Kannibalismus zu frönen. Dank der Individualität kannst du hier alles sein, was du willst, nur nicht der, der du bist. Der Klimawandel droht ja nun doch zu scheitern, vielleicht besteuern sie ja bald das Ausatmen, dann haltet schon mal die Luft an. Mit hoch rotem Kopf könnt ihr dann euer Durchhaltevermögen beweisen. Auf einen langen Atem.

## Die Fiktion ist nicht widerlegbar

Ob und wen Pazifisten so fisten, ist den Veganisten egal, die schauen nur zu, sie gehen dann aber auch nicht in die Analen ein. Vorbeugen fördert nicht immer die Gesundheit. Es ist halt nur beim ersten Mal schmerzhaft, den eng ist ja bekanntlich ein dehnbarer Begriff. Als Randgruppe schauen die Zionisten auch nicht über den Tellerrand hinaus, außer der Blick ist nach innen gewendet, dann suchen sie ja eher das Haar in der Suppe. Wir sind die Zukunft, kommt dann auch gerne mal als Antwort von jenen, vielleicht sollte ihnen jemand mal sagen, dass diese, aber nicht hier stattfindet. Auch wenn Sie sich gerade zu den Geilsten krönen, bekam das nur leider keiner mit und so wurden sie nur mit gelangweilten Blicken und einem Gähnen bedacht. Doch sie waren stets bemüht das Fettnäpfchen auch mal den anderen hinzustellen. Aber das hat sich jetzt auch erledigt, diese Geschichte ist gestorben,... Oh das wusste ich gar nicht, wie ist den das passiert? Ach weißt du, sie hat sich ganz blöd verschluckt und ist erstickt. Hör auf, nein wirklich, verrückt oder? Tja manche Gruppierungen sollten darauf achten, nicht in Untiefen zu geraten. Gerade die allgemeinen Geschäftsbedingungen gewisser Glaubensgemeinschaften tragen ja nicht gerade zum Wohle der Menschheit bei. Die einen machen sich schuldig auserwählt zu sein, die anderen fühlen sich auserwählt schuldig zu sein. Nah wenigstens haben sie das Gefühl etwas zu sein und sich wichtig vor zu kommen, vielleicht ja sogar entsendet von einer höheren Macht. Also wenn Sie jemanden, mit einer Briefmarke auf der Stirn, rum laufen sehen, stempeln sie ihn nicht gleich ab, er findet möglicherweise den Adressaten nicht. Schenken Sie ihm doch einfach das Horn, in das er dann blasen kann, und fülle er dann seine geistigen Ergüsse, in dieses. Doch das schöne daran ist, es gibt immer auch eine Gegenbewegung, in der sie sich dann aufreiben können. Der lachende Dritte hält auch gerne ihre Einkaufstüten, wenn sie die Hände gerade nicht frei haben. Es ist ja nicht so, dass ihnen nicht geholfen werden kann. Unterstützung bekommen sie meistens von denn, die auch davon profitieren, dass Sie sich engagieren, dann müssen diese nicht in Erscheinung treten, da Sie ja schon eine hatten. Was?, hab ich ein „Hass mich, ich bin ein Ungläubiger"-Schild um hängen?, ach, wenn es doch so einfach wäre. Wer wirklich weiß wer er ist, der findet auch seine Rechte wieder, mit der er dann auch zu schlagen kann. Die Realitätserfüllung eines

Hohlraumdämons in dreifacher Ausführung bringt leider auch nicht immer das gewünschte Resultat. Das nennt man dann einen Gin, eine Kausalitäts-Schleife, auch Teufelskreis genannt, aus dem man ja bekanntlich nicht mehr raus kommt. Es ist schon komisch, dass das leider nicht witzig ist, oder. Lassen sie sich nicht instrumentalisieren, wäre doch schade, wenn sie im Strudel der Zeit verloren gingen, und man sich ihrer nicht erinnert im Gedenken an Sie. Ich glaube, die Reinkarnation wird überschätzt. Aber was weiß ich schon, ich bin ja nur zu Besuch hier. Das Grammofon ist jetzt digital, doch der Mensch nicht, der ist immer noch analog. Es ist also ihre Entscheidung, Treppen hoch und runter zu laufen oder eben die Welle zu reiten. Hochmut kommt vor dem Fall, oder der Mut zu Höherem wird scheitern. Mag ja sein, dass man das nicht wahrhaben will, doch am Anfang war das Wort, hoffentlich keine Ausrede. Letztendlich entpuppt sich die Lüge auch als eine Wahrheit, so ist das, wenn man zum Schmetterling wird. Der aufrechte Gang wurde uns, laut Darwin, ja nicht geschenkt. Aber wer stammt schon gerne vom Affen ab. Doch die Meisten hocken so wie so noch in den Bäumen rum. Auf den Boden der Realität zurückzukommen ist ja auch gar nicht erwünscht. Nein, nein da haben sie wohl was falsch verstanden. Das dachte ich auch mal, doch ich wurde eines Besseren belehrt. Da für sollte man doch dankbar sein, aber so ist das mit der Schuld, es sind immer die Anderen. Die geerbte Sünde bildet da leidender Weise, keine Ausnahme, obwohl sich jeder für eine hält. Ausgenommen wird hier aber jeder von uns, ausnahmslos. Der Zeck heiligt die Mittelmäßigen, denn die sind ja besonders wertvoll, für die, die uns das glauben lassen. Etwas altklug ist das schon, vor allem wenn man gar nicht weiß, um was es geht.

Natürlich es geht nur um Sie, es dreht sich ja alles nur um Sie, nicht das ihnen jetzt schlecht wird, doch abkotzen könnten wir doch alle. Es müsste einem nur erst übel aufstoßen, sauer wird man dann sowieso von ganz alleine. Und das ist durchaus gewollt. Ein strahlendes Lächeln kriegen sie dann von denen, die sich genau darüber freuen und ihnen weiß machen, das das alles schon seine Richtigkeit hat. Hauptsache Sie richten sich danach, ans Kreuz schlagen, werden die sie nicht. Sie sind nicht der Erste, denn die höher gestellt haben, damit sie für ihre Mitmenschen nicht mehr greifbar sind. Die würden Sie nämlich gerne wieder runterziehen, weil das ihren Horizont übersteigt. Eine höhere Macht hat interveniert, so wurde Sie ihnen vorgestellt, diese Vorstellung findet aber nur in ihrem Kopf statt, stellen sie sich das mal vor.

## Fehlerhafte Widerrufsbelehrung

Möchten Sie den Bestellvorgang jetzt abschließen. Trotz Systemgebühr, ab in die Wolke mit meinen lyrischen Ergüssen, Gott ist mein Lektor. Bei den allgemeinen Geschäftsbedingungen geht es nur um ihre Zustimmung, doch die Eliten erzittern im Protektorat. Auch das teilsouveräne Schutzgebiet ist begrenzt. Hinterm Horizont, geht's auch nicht weiter, die Erde ist doch ne Scheibe, ätsch. Die Kirche muss im Dorf bleiben, auch gerne schön verpackt von Cristo, doch wenn man sich zu weit aus dem Fenster lehnt, fällt man hinten runter. Der zweite und dritte Teil von Matrix sind nicht systemrelevant, der Hase mit den roten Augen kennt sein Zuhause und der Tripkater führt dich zur grundlosen Endlos-Party. Die Zalandoschuhe werden auch nur zurückgeschickt, um den DHL-Boten zu ficken. Bin heute

Morgen völlig erschrocken aufgewacht, scheiße Gestern Abend schon wieder eingeschlafen. Ist mir doch egal, welcher Clown an der Tür klingelt, es wird gegessen, was auf den Tisch kommt. Aber man kann ja immer schon froh sein, wenn mal kein Mann im Kapuzenpullover mit Brecheisen in einem dunklen Raum vorm Bildschirm mit grüner Schrift sitzt. Strategisch analysiert der Experte die Datensicherheit, so das es ihren Daten an nichts fehlt. Sie sind nicht missbraucht worden. Sie schon! Das Fass ohne Boden hat ein Leck, das war es dann mit der weißen Weste. Das Paradoxon kann man nicht austricksen, es entblößt sich auch nicht, das ist der Witz an der Sache. Also pädagogisch Avantgarde und künstlerisch wertvoll. Doch wenn man der Letzte in der Nahrungskette ist, kann einem auch niemand in den Rücken fallen. Die krummen Dinger gehen meistens schief. Und bei so einem abgekarteten Spiel bekommt man danach nur noch Katzengejammer. Doch wenn Team Geil eingreift, haben die extra harten Vollpfosten, von Kapitän pikiert, mal wieder ihre Klappstühle vor geschickt und das, dass unbequeme Zeitgenossen sind, ist ja hinlänglich bekannt. Mit einem goldenen Löffel kann man halt keine Grube ausheben, um es sich richtig gemütlich zu machen. Weshalb ja Schnarchnasen auch überall in der Landschaft verwesen. Eine höher gestellte Persönlichkeit kann man auch getrost dort stehen lassen. Die geniest dann halt die Aussicht und winkt einem vielleicht auch noch zu sich. Na ja, ihr wisst ja, was man dann tut, zurück winken und lächeln. Sein ganzes Leben wartet man auf alles Mögliche und wenn man dann in der Kiste liegt, denkt man, scheiße, warum hab ich eigentlich so lange gewartet. Der dumpfe Abgang ist eine Zivilisationskrankheit. Als Zivilisten sind wir diese und gehören auch nicht zu Elite. Als

Individualist will man ja auch nicht dazu gehören, oder vielleicht ja doch? Es bedarf einer Betitelung, damit auch jeder weiß, wo er steht. Schauen Sie sich um, Sie finden nur ihres Gleichen, haben Sie gehört. Zurückbleiben bitte, Türen schließen selbsttätig. Jeder der auf den Zug auf springen will, findet sich vor verschlossenen Türen wider. Man ist halt zurückgeblieben. Der Arme hat den Anschluss verpasst. Sowas würde mir nicht passieren, ich hab ja den Fuß in der Tür. Nah dann hüpf mal schön nebenher. Und wenn es richtig losgeht, knallt einem das „Kein Durchgangsschild" vor den Latz. Das Brett vor dem Kopf ist ja zusätzlich noch eine Notbremse. Gut wenn man sich immer doppelt absichert. Die Armlänge wird maßlos überschätzt. Um sich die Leute vom Leib zu halten. Ein Schlag in die Magengrube wünscht sich ja keiner, denn da bleibt einem gerne schnell mal die Luft weg. Ja, die Spucke auch. Eine Unverschämtheit ist das, nicht war, also wirklich wie konnte man nur, man ist doch kein Schwarzfahrer, ne, ne, alles gut, bin doch zurückgeblieben. Ab und zu muss man halt mal ein Auge zudrücken, damit man mit dem Anderen nur noch die halbe Wahrheit erkennt, den, man weiß ja, mit dem Zweiten sieht man besser. Alles aus erster Hand, extra für einen zurecht geknetet, damit es auch in das Weltbild passt, welches man für einen anfertigte. Mach dir nicht die Mühe, von selber drauf zu kommen, die Sucht nach der Abhängigkeit, haben wir uns ja lange genug antrainiert. Damit man nicht in die Röhre kuckt, um am Ende noch ein Licht zu entdecken, welches einen dann auch noch zu unserm Herren führt. Der Götzendienst ist da völlig ausreichend. Einem Mammon zu dienen ist ja angenehmer, als selber, in aller Herrlichkeit, zur Missgeburt zu werden. Die verkrüppelte Erwerbsfähigkeit, macht einem dann auch gerne mal zum Sozialfall, den erbettelten Euro hat dann auch immer jemand anderes, um als Sklave seiner selbst, verzweifelt nach der Lebensfreude zu suchen. Es macht einfach keinen Spaß, immer dem Geld hinterherzulaufen, weil der Arm des Gesetzes nie lang genug sein wird, damit man seine Selbstbestimmung endlich an die Hand nehmen könnte. Doch die reicht man einem und lässt sie nicht mehr los. Wäre ja noch schöner. Wo kämme man denn da hin. Tja, das wird man wohl nie rausfinden.

**Das ist das Leben**

Verrückt oder, wie das Leben so spielt. Man glaubt es immer nicht. Tja ist immer wieder eine Überraschung und wenn einem, das Wunder, ins Gesicht springt, findet man doch genug Gründe, wieso es keines war. Alles Zufall, es muss alles greifbar, in kleinen Schächtelchen verpackt sein, sonst passt es ja nicht in die Hosentasche. In meiner Komfortzone hat sowas nichts zu suchen. Diese Spinner bringen mir nicht mein Leben durcheinander. Die geistigen Gummihandschuhe, den Mundschutz für den Verstand und das körperliche Desinfektionsspray habe ich immer dabei. Und Sie wollen mir erzählen ich wäre neurotisch und zwanghaft, wenn nicht alles an seinem Platz steht und ich irgendwo ein Staubkorn des Zweifels sehe. Sie machen mir keine Angst, ich weiß Bescheid, Sie machen mir nichts vor. Ich kenn solche Leute wie Sie, die hab ich schon immer durchschaut. Ich bin doch nicht blöd. Blöd ist nur, dass sie gleich rot sehen und erstmal in den nächsten Supermarkt rennen, um sich das neuste Technikspielzeug zu kaufen, das alte auf Ebay verschleudern und denken Sie hätten noch ein Schnäppchen gemacht. Also gestern brauchten Sie „es" noch nicht zu ihrem Glück. Wie sich doch die Zeiten ändern und das so plötzlich. Wer hätte das gedacht. Und da wir ja alle mutierte Affen sind, oh Entschuldigung, wir haben denselben Stammbaum, machen wir wohl gerade einen Evolutionssprung, sorry sieht mehr danach aus, als ob hier gerade eine Seifenblase platzt, und das direkt vor der eigenen Nase. An dieselbe können wir uns dann auch gleich fassen, weil uns von der Seife die Augen tränen. Wir lieben halt das Drama, doch es muss einfach bleiben, es ist wichtig, genau zu wissen, wer, wer ist. Die dritte Person zu sein, die alles aus sicherer Entfernung, beobachtet, ist die einzig vernünftige Option. Also im echten Leben, in dem, was wirklich passiert. Und nicht, was man so hört, das geht da rein und da wieder raus, wie die Kugel für den letzten Ausweg. Genau, eh nein, das kommt ja für sie nicht infrage, Sie siechen ja lieber die letzten Jahre, von der Pharmaindustrie gestützt, in weißen Laken vor sich in, um dann später, jemanden in solchen Laken gewickelt, die Hand zu schütteln. Nicht, oh ein Atheist, ein moderner Mensch, O.K. Jungs, ihr könnt das Licht wieder aus machen, lassen wir ihn im Dunkeln umher tapsen, er wollte es so. Sie sagen Bescheid, wenn Sie so weit sind. Keine Sorge wir haben Sie trotzdem aufm Schirm, aus Sicherheitsgründen, wenn Sie sich den Kopf stoßen, oder irgendwo runterfallen, das macht gar nichts, verheilt alles, gehört mit zum Spiel. Sie sind hier in guten Händen. Doch behalten Sie ihre Meinung bitte für sich, interessiert hier keinen. Ach Sie wollen wieder zurück, tja, das hätten sie sich früher überlegen sollen. Das ist leider nicht möglich, außer Sie bekennen sich zur Reinkarnation, für den Anfang reicht das völlig, über den Rest reden wir dann, wenn Sie wieder zurückkommen. Und glauben

Sie mir, man trifft sich immer zweimal im Leben. Also keine Ausflüchte mehr, Sie müssen das jetzt endlich mal auf die Reihe kriegen, das kann ja nicht ewig so weiter gehen, oder.

## Beobachtung von internen Absprachen

Wie viel Werbesprüche haben Sie so im Kopf und bezeichnen Sie Artikel gerne mit einem Namen, der ihnen gegeben wurde. Schauen Sie auch immer brav die Nachrichten, um sich dann danach zu richten? Lassen Sie sich dann vom Abendprogramm unterhalten, damit Sie unten gehalten werden. Wissen Sie wie, man die Zeit zwischen zwei Werbeblöcken nennt? Werbepause, ach Entschuldigung es heißt ja Verbraucherinformationen. Sehen Sie, Sie sollen nur verbrauchen, für was anderes werden Sie nicht gebraucht. Ihre Arbeit ist nur Beschäftigungstherapie, mit der Sie voll beschäftigt sind. Oder Sie arbeiten bei einer Zeitarbeitsfirma, die verdient mit ihrer Zeit, Geld, obwohl Sie es ja verdient hätten. Als Selbstständiger sind Sie leider auch nicht ständig Sie selbst, Sie müssen sich nur ständig selbst um alles kümmern. Ein Unternehmer nimmt dann auch per Definition von denen unter ihm. Die meisten sozial Schwachen, sind eher finanziell schwach und die finanziell Starken, eher nicht sozial stark. Ach ja genau, die Hilfsorganisationen, sie organisieren die Abhängigkeiten. „Hilfe zur Selbsthilfe" nennen Sie es, ist es aber nicht. Und die Ausnahmen, bleiben es auch. Ablenkung, nach rechts, oder nach links, politisch ist das egal, Hauptsache nicht geradeaus. Doch keine freie Fahrt für freie Bürger, denn Sie bürgen dafür. Man zieht Sie zur Verantwortung, Sie dürfen nicht gehen! Politiker entscheiden auch nicht, Sie geben nur den Weg vor, den man zu gehen hat. Und alle paar Jahre geben Sie auch noch ihre Stimme ab. Hätten Sie sie doch bloß behalten, dann wäre Sie jetzt nicht in einer Wahlurne bestattet. Die eigenen Überzeugungen zeugen eher davon, dass man Sie überzeugt hat. Und ihre Meinung meint, dass sie sich ein Bild von etwas machen, das nennt man dann Einbildung. Sie sind dann gebildet. Dafür gibt es Schulen und Universitäten. Die erklären uns, wie die Welt ist und zu sein hat. Die Schulreform ist die Form, in die wir dann reinpassen. Denn wir sind ja alle gleich, geeicht. DIN-Norm, ist doch normal, Alter. Wissen Sie eigentlich, wie Geld entsteht, genau aus dem Nichts. Und doch hat es so viel Macht über uns, denn genau darum geht es. Geld kommt von dem Wort „Gild" und heißt Schuld. Sie sind Schuldner. Die Welt hat vierzig Billionen Dollar Schulden, fragt sich nur bei wem. Das Geld wandert immer von fleißig nach Reich, denn das sind die echten Arbeitslosen. Und haben Sie schon irgendwelche neuen Anschaffungen geplant, um sich einwenig ihr Leben zu versüßen. Was man so alles glaubt haben zu müssen, obwohl man es vielleicht gar nicht braucht. Beobachten Sie doch mal wie viel Ideologien, Verhaltensmuster und Meinungsbildung in ihrem letzten Lieblingsfilm, oder in ihrer Lieblingsserie transportiert wurden. Wie viele Wunschbilder Sie im Kopf mit sich rumtragen, „so solltest du sein, bist es aber nicht". Welche Energie wir in die Verwirklichung stecken und wie nahe wir dem dann kommen. Und was es dann an Zeit kostet, es aufrechtzuerhalten. Wir müssen einem Bild entsprechen, was uns überall immer wieder vor Augen geführt wird. Und sehen Sie schon die Karotte vor sich baumeln, ja genau Sie sind der Esel beziehungsweise das Schaf, was immer wieder geschoren wird, um dann am Ende zur Schlachtbank geführt zu werden. Ist es das, was Sie wollen?

Ihr Lebenstraum! Ich denke, nicht. Na dann wird es wohl Zeit, auf zu wachen. Ach so, Sie hören den Wecker nicht klingeln, keine Sorge, der nasse Waschlappen kommt bestimmt. Den „der" ist ihre einzige Bestimmung.

### Der blinde Fleck

„Die da", gibt es die eigentlich, sie sind genau so einen Teil unseres Lebens, wie das Ein- und Ausatmen, sind uns näher als uns, lieb ist. Doch schieben wir sie immer wieder weg von uns, gehen auf Abstand und distanzieren uns dabei nur von uns selbst. Propagieren die Eigenverantwortung, nehmen uns damit aber selber die Möglichkeit, uns eine eigene Antwort darauf zu geben, zu uns zurückzufinden. Wutbürger, mit der Faust in der Tasche, doch Wut ist nur der kleine Bruder von Angst und unsere Angst bringt uns in die Enge, zum Tunnelblick, doch da ist kein Licht am Ende des Tunnels, das ist der Zug der Ignoranz, der uns da entgegenkommt. Für den inneren und äußeren Frieden brauchen wir platz, den Raum zur Entfaltung. Wir bürgen aber nicht dafür, wir sind nur das Personal, angestellt in der BRD GmbH, eine beschränkte Gesellschaft ohne Haftung. Mit unserem Personalausweis werden wir angewiesen, uns selber aus zu weisen, wenn uns etwas hier nicht passt. Andern falls werden wir passend gemacht. Das nur vorab, also die da, haben vielleicht nur einen viel länger Weg vor sich, als unser eins. Doch tauschen möchten wir beide nicht, die einen fühlen sich privilegiert und die anderen hintergangen, fragt sich jetzt nur, wer ist wer, beziehungsweise, weiß der Privilegierte das er hintergangen wird und der Hintergangene das er privilegiert ist. Das ist die Frage. Was bedeutet das, ich bin jetzt gerade ein Teil deines

Lebens und du ein Teil meines Lebens, was vielleicht nicht von der Hand zu weisen ist. Also gibt es nur uns und wenn einer von uns es nicht schafft, den anderen mit zu nehmen, schafft es keiner von uns. Denn alleine schaffen wir es nicht, dafür brauchen wir die anderen, um uns herum. Sind wir alle miteinander verbunden, wie es in der Natur, auf unserer Mutter Erde, vorgegeben ist. Der große Kreislauf also, ist klar, oder? Was der eine macht, wirkt sich auf alle anderen aus. Das ist es doch was wir denken sollen: „Wir sind alle eins", zwei drei vier fünf sechs sieben, wärst du doch zu Haus geblieben. Das heißt aber nicht, dass wir alle gleich sind, jeder ist einzigartig und hat seinen eigenen Blick auf das Leben, auf sein Leben. Doch was verbindet uns, ganz einfach, wir sind alle hier auf diesem Planeten und gehören der gleichen Spezies an. Unsere Heimat ist die Erde und nicht ein abgegrenztes Land auf ihr. Also teilen und nicht herrschen, wir miteinander. Und das ist es auch, was wir denken sollen: „Wir sind alle Brüder und Schwestern", also ein ganzer Planet voller Inzucht, oder was? Und doch gibt es die Welt der Anderen und die eigene Welt. Ich dachte, dass die Welt der Anderen auch immer meine eigene Welt ist. Bis ich dann verstand, dass Sie ihre Welt nur zu meiner machen wollen, doch das funktioniert leider nicht, da können sie sich noch soviel Mühe geben wie sie wollen. Und ich kann das noch so doll zulassen, wie ich will. Wenn überhaupt kommt es zu einer Schnittmenge und die ist bestimmt kein drittel so groß wie meine eigene Welt. Vergiss es. Es gibt aber Menschen, mit denen lebt man zu sammeln in derselben Welt, das geht, nur finde die erstmal und dann müssen beide auch noch wissen, das sie in derselben Welt leben. Vielleicht kommen dann so Leute an und sagen, „Du hast schon viel verstanden". Toll denk ich da, danke, aber was heißt das im Umkehrschluss, auch für Sie selbst. Man selber hat also aus ihrer Welt etwas noch nicht verstanden und sie denken das ihre Welt die meine ist und ich müsste doch endlich begreifen wie recht sie doch haben. Gut das mach ich sofort, das ist doch eine super Idee, oder? Wie gut das ich weiß, dass ich nicht in ihrer Welt lebe. Und sie denken, dass sie Entscheidungen für ihr eigenes Leben fällen, was dann unweigerlich auch meine Welt betrifft. Da ich ja ein Teil ihres Lebens bin, wie dumm, dann gibt es „Die Da" ja wohl doch. Also wohl doch zu kurz gesprungen und die andere Seite nicht erreicht, wieder in den eigenen Abgrund gefallen, und jetzt. Obwohl, wenn man nichts mehr zu verlieren hat, hat man doch alles gefunden, was man braucht, um glücklich zu sein, oder? Denn wofür brauche ich eine Religion, wenn ich gar kein Sünder bin. Gut, aber wenn das Äußere nur ein Spiegel des Inneren ist, aber nicht umgekehrt, heißt das dann, das man nur im Inneren etwas ändern kann, um im Äußeren etwas zu bewirken. Wieso ist das Selbst dann unveränderbar und man hat mit seinem Ich keinen Einfluss darauf, also ist das Ich das Blatt und der Wind das Selbst, denn die Flügel hat der Wind und nicht das Blatt. Wie soll ich dann im Inneren was ändern können. Also gibt es gar nichts zu ändern und der freie Wille ist immer nur wider eine Weggabelung nach der anderen, doch die Wegabschnitte sind vorgezeichnet. Und es ist egal, ob ich so rum gehe, oder so rum. Ich glaube, wir sollten unser Verständnis für Humor noch mal überdenken. Und das erzählen sie uns um uns auf der Nase rum zu tanzen, damit wir genau das machen, was sie wollen. Obwohl es „Die Da" gar nicht gibt und sie nicht in meiner, sondern nur in ihrer Welt leben. Klar natürlich und was gibt es zum Nachtisch? Das, was wir nicht sehen wollen?, den blinden Fleck? Darf es auch ein bisschen mehr sein?, oder möchten Sie noch mal auf die Karte schauen, ob Ihnen etwas Anderes besser schmeckt? Oh, du willst die Welt ändern, ja, dann musst du Kindergärtner werden, oder einer von diesen esoterischen Lichtarbeitern die keinen Schatten werfen, immer im Kampf mit der Dunkelheit, vielleicht ja mehr mit der Eigenen, als mit der der Anderen. Doch helfen sie dir immer und sehr gerne auch ungefragt, da du ja nicht in der Lage bist die Situation so weitreichend zu verstehen wie Sie, da fehlt dir einfach der Einblick, das höhere Verständnis, du verfügst ja nicht über die Mittel und geistigen Werkzeuge, wie könntest du auch. Sie kennen dich besser als du dich selbst, denn sie sind ja nicht so in sich selber verstrickt wie du, zum Glück, also die Probleme möchte ich gar nicht haben, auch noch für alle anderen verantwortlich zu sein. Ja ich weiß, sie sind nur hier um den Menschen zu helfen, herab gestiegen aus höheren Ebenen, geil, woher die das alles wissen, ach ja genau, das sind die Dinge, die man ja selber weiß, Sie erinnern einen nur wieder daran, da man es wohl vergessen hatte, das neue Zeitalter des uralten Wissens der Menschheit, na dann ist es doch gut, auf der sichern Seite zu sein, und nicht einer der Ahnungslosen. In ihrer Arroganz erzählen sie dir dann auch noch, was Demut bedeutet, denk dran sie wollen dir nur helfen. Du weißt es ja nicht besser. Aber Sie schon. Hochmut kommt vor dem Fall, sagen auch nur die, die nicht den Mut zu Höherem haben.

## Verdrehte Welt

Extreme verwischen zur Belanglosigkeit, der Spießer wird exzentrisch dargestellt, dass Banale generalisiert. Nur der korrupte Politiker ist seriös und glaubhaft in den Medien vermarktet. Sadomasochistische Grenzerweiterung, pervertiert zur sexuellen Mordserie in nekrophil päderastischer Sodomie. Der Fetisch kommt einem blümchensexartigen Streichelzoo gleich. Die Schrankwand im Kopf läuft Amok und metzelt ganze Familien im ersparten Eigenheim nieder. Internationaler Terror und Guerillakrieg sind die Errungenschaften der modernen Marktwirtschaft. Der Feind im eigenen Kopf ersetzt den Gegner im Kampf der Gesellschaft um die Vorherrschaft. Krisen und Katastrophen Verstärken die Kontrolle der Unterdrückung. Rebellion der Ohnmacht in der Offensive der Beliebigkeit. Der ganz normale Wahnsinn im Alltag ist nicht gefühlsecht. Individualität ist ohne Bedeutung und austauschbar. Die Opfer-Täter sind zu zurechnungsfähig und die Gesellschaft nicht haftbar und beschränkt. „GmbH". Verantwortung ist eine Frage der Bestechlichkeit. Dezimierung der Überbevölkerung durch genmanipulierte Laborviren, die wie lästige Haustiere ausgesetzt werden. Geschützter Cyberspace und geklonte Inzucht, statt Arterhaltung durch Fortpflanzung, die aus Verantwortungslosigkeit verhütet wird. Verlustängste sind die obersten Kontrollmechanismen der staatlichen Direktive. Austauschbare Kreativität durch Trendsetzung im künstlerisch philosophischen Ausdruck. Und so haben wir es auch dieses Mal wieder geschafft den Sprung in die menschliche Revolution, mit dem Ausrutscher, auf der eigenen Ignoranz, zu verwechseln. Doch die Evolution wird auch diese Blüte der

Natur verzeihen und schmunzelnd flüstern: „noch mal von vorn".

## Adel verpflichtet

Noch mal von vorn denke ich, wie ich hier stehe, und rede, von freudlosem Glück, einem leidenschaftlichen Drama das seinesgleichen sucht, nämlich euch. Es ist hartnäckig, verrucht und dreckig, übel riechen tut es auch, im klassischem Sinne natürlich. Agent Smith, ist höchst engagiert, doch der Matrix überdrüssig, und geht davon aus, er wäre der Chef hier, was der sich so alles einbildet, Wahnsinn oder. Person, nennen sie uns und geben uns eine Nummer, auf einer Geburtsurkunde, einem schriftlichen Beweis unserer Existenz, jetzt ist es auch wirklich sicher, das wir leben. In der Sache geht es dann auch immer um ihr Gott verfluchtes Recht. Und wenn du dann noch bestätigst, dass du dein Name bist, lächeln Sie dich wohlwollend an, mit der Genugtuung das du ein Unwissender bist, in ihrem Staat. Und jetzt kommst du, nur halt nicht so, wie du dachtest, Ihre Autorität infrage zu stellen, ist da keine gute Idee, da stehen die gar nicht drauf. Die tragen schwarz, weil du für sie sowieso schon gestorben bist. Nur erheben musst du dich, um ihnen Respekt zu zollen, es ist ihre Pflicht, Dir zu sagen, was du zu tun und zu lassen hast.

## Götterdämmerung

Oh ihr Beter, ihr Büßer, ihr Dualitäten-Prediger, ihr wollt die Sehenden blenden und die Geblendeten führen, auf das sie mit Blut ihre Sünde begleichen. Stürzt eine ganze Welt in einen Abgrund, den es nicht gibt. Denkt ihr seit die Lehrer, Lenker und Leiter und habt alles im Griff, nur erschaffen habt ihr nichts, geschaffen nur Elend und Grausamkeit vergewaltigt die Seelen der Wesen, die ihr Menschen nennt. Haltet euch für Wissende, Eingeweihte und seid doch nur nur Sklaven eurer eigenen Wahnvorstellung einer höheren Ordnung zu dienen. Bestimmt wer was denkt und fühlt, so glaubt ihr, das zu beherrschen, was ihr nicht erkennt, das ihr nur die Gäste seid hier auf dieser Erde, nur zu Besuch, die Außerirdischen, die nicht sehen worauf sie stehen. Ihr werdet wieder gehen und nicht verstehen, ohne uns hättet ihr diese Welt nicht gesehen.

## Das Niveau

Verteile ich gegebenenfalls in kleinen blauen Dosen, das kann man sich dann in die Haare schmieren, vielleicht zieht es ja ein. Falls man das nicht begreift, hat man wohl zu kleine Hände, die aber nötig wären, um es aus den kleinen blauen Dosen heraus zu kratzen.

## Na so was!

Im Kreis gedreht, im Rechteck gesprungen, die Runde geht an mich. Ich gestehe, ich habe es nicht erfunden, das Rad, an dem ich drehe. So kröne ich mich mit Weisheiten, die ich nicht verstehe. Den richtigen Weg geht wieder ein anderer. Also Sackgasse, wie viele soll ich denn noch hierher schleppen, ich lass mich doch nicht vor den Karren spannen. Geduld ist eine Hoffnung, die ich nicht habe, das kann ich mir nicht leisten. Ich versuch es morgen noch mal, gestern war der Weg noch klar, aber wenn man sich selbst im Weg steht, dann heißt es, weiter gehen, auch wenn man den Zeitpunkt verpasst hat, weil man zu spät kam. Dann halt noch mal von vorn, einen Schritt weiter in Richtung Glück, in Richtung verstehen, dass es eine Kreisbewegung ist, in der Ecke zu sitzen und einen Bogen zu mir selbst zu schlagen, auch wenn man ihn überspannt hatte. Doch das Kopfkino gebe ich mir nicht mehr, auch wenn der Anfang das Schwerste ist und ich dann kein Ende finde. Aber wer zuletzt lacht, stellt sich noch mal an, um der Erste zu sein. So ist das mit den Letzten, die verpassen immer den Start, lassen die anderen ihre Runde drehen, machen einen Schritt rückwärts und sind als Erster im Ziel.

## Plattitüdenhaft

Man trifft sich immer zweimal im Leben und dann, ist man der große Rächer. Genau, die wird ja auch kalt serviert. Bei der Ruhe vor dem Sturm hat man dann noch Zeit, darüber nach zu denken. Denn was man nicht im Kopf hat, hat man in den Beinen. Also einen Tritt in den Arsch, den bräuchte wohl jeder mal, sagen meistens die, die im Glashaus sitzen. So ist das mit dem zweischneidigen Schwert, doch die Zeit heilt alle Wunden, gefolgt von dem gut gemeinten Rat, der einem teuer zu stehen kommt. Oder war es doch die Medaille. Egal, das Leben geht weiter. Doch gefährlich wird es erst, mit dem tauben Spatz in der Hand. Und was ihn nicht umbringt, verschiebt er auch nicht auf morgen. Bellende Wasser beißen tief, in die Nase des Mannes, oder auch in seinen Johannes. Doch wer früher kommt, dessen Frau ist im Alter länger schön. Das geht aber nur, wenn Ihre Liebe ihn auch heiß anpacken kann. Und das Schönste zum Schluss. Die Ausnahme am Steuer, bestätigt das Regelungeheuer.

## Lyrik

Es reimt sich und leimt mich. Die Wortpaare suchen Wortkarge, die zuhören, um sich zu stören, an meiner Lyrik ohne Spürtick. Doch ohne Sinn und Verstand ist das Ganze kein Gewinn und verkannt. Nach dem Absatz kommt nun der Abschwatz, Gedichte sind für mich nur Verrichte, von meinen Gedanken an alle anderen Kranken.

## Ernst ist Ernst

Nie war Ernst so Ernst, wie Spaß. Spaß verstand keinen Spaß, so wie Ernst, Spaß verstand. Ernst nahm Spaß nicht so ernst, das machte Ernst keinen Spaß. Spaß war es egal, wie ernst Ernst, Spaß nahm. Aus Spaß nahm Ernst, Spaß nicht so ernst. Wie ernst war es Spaß, dass es Ernst Spaß war. Ernst hat Spaß, Spaß war Ernst. Hatte Spaß keinen Spaß, weil Ernst nicht Ernst ist, sondern Spaß hat? Wer ist Ernst und wer hat Spaß, Ernst oder Spaß? Das war nicht Ernst, es war Spaß!

## Und das mir

Sie machen mich krank, diese Stinos der letzten Generationen, wie sie ängstlich durchs Leben kriechen, immer darauf bedacht, nicht auf die Schnauze zu fallen und sich über jeder Scheiße echauffieren. Es schmerzt mir in den Ohren, dieses Schmatzen beim Abgeknutsche, überall in der Öffentlichkeit, wenn irgendwelche gebärfreudigen Jungschnepfen, ihren Sponsor zum Abspritzen vorbereiten, damit er später Alimente zahlt, weil er doch nicht der Richtige war, und wieder eine gescheiterte Existenz in die Welt setzte, welches sein Erbe antrat. Und dann diese Energiejunkies, die einen mit dämonisch verblendetem Blick anstarren, während sie deine Aura anschnorren, um wieder ihr entbehrliches Dasein einer verpassten Existenz zu schenken. Und das mir als alter Buddhist, wo ich doch ein so grosses Herz habe, immer durch Liebe verstand, was ihre Augen mir erzählten. Doch, auch wenn mein Verstand wirre Wege geht, ich mich im Frust über die Leiden echauffiere, so ist die Konfrontation immer wieder das Elixier meiner geistigen Ergüsse, die Herausforderung meinen Weg weiter zu verfolgen. Auf das mir die Erkenntnis ein Lächeln schenkt und das Leuchten in meinen Augen gewahrt bleibt. Bin ich nicht davor gefeit in den Sumpf der Verblendung zurückzukehren. Um mich erneut auf den Pfad zum Licht zu begeben. Das sind die Worte eines heroischen Kriegers, der paradoxerweise den Kampf, die Konfrontation scheut. Sich aber doch in Endzeit-Manier heraus fordert, Selbstkritik weit gefehlt. Doch werde ich mich zur Abwechslung mal nicht selbst infrage stellen, um das Gesagte zu dementieren.

## Komik
Ich als Alleinunterhalter, der Selbstgespräche in Zwietracht mit seinem Ich führt, hatte eine posttraumatische Vision von einem Gegenüber, mit dem ich redete. Verschlüsselungstaktiken verstrickten ihn in einen kollabierenden Synapsencrash. Die Sache ist gerecht, sie rächte sich dafür, gerächter Weise.

## Die Nullnummer
Einsig Zweifel, dreist vier wie er ja ist, verfünftig sechsisttisch zu Versieben. Achtlos neun Nullnummern hervorbrachte.

## Wie wäre es

Mit einem kleinen Rückblick, mal ein bisschen umsehen, was hinter dem Rücken so vor sich geht. Damit man nicht den Überblick verliert und sich die Sache später von unten ansieht, um mit Mutter Natur etwas auf Tuchfühlung zu gehen und die Erdanziehungskraft zu überwinden.

## Wenn ich

Tausend Tode sterbe, dann ist mein Leben, nur ein Tag in meinem Leben.

## Ich erdachte

Ich erwachte und lachte, während ich wachte über das Erdachte, entfachte ich das Verlachte, wobei ich achte, dass ich erwachte.

## Am Anfang war es

Das Wort, gefangen in der Bedeutung der Antwort, deutet sie auf eine Vorstellung hin, sie stellt sich davor und verbirgt das dahinter gestellte nicht mehr sichtbare, also unterbewusst, unter dem Bewusstsein, dem Wissen vom Sein, ist das Unterbewusstsein kein Bewusstsein.

## Aber was solls wen interessierts

Wenn ich irgendwann einmal resümieren sollte und so etwas wie eine Bilanz dabei entsteht, macht euch keine Hoffnung, dass ein Geistesblitz daraus entspringt. Es ist schon alles gesagt und doch immer wieder neu entdeckt, neu formuliert, bis man kotzt vor Genialität. Nur mir wird nachher schlecht, zwar mit leuchtenden Augen, mit einem Lächeln, doch habe ich trotzdem einen säuerlichen Geschmack im Mund. Dann geht man halt Zähne putzen und gut. Na bin ich nicht toll, ein echt geiler Typ, wie ich hier stehe und mir pausenlos geistig einen runterhole, um immer wider neue Definitionen über alles Mögliche zu onanieren. Aber glauben sie mir, das ist wirklich geil, eine super Nummer und immer wieder total entspannend. Für sie vielleicht ohne Bedeutung, doch wenn sie nach einem Sinn suchen, schauen sie doch einfach den nächsten Werbeblock. Und ich springe dann halt ein bisschen in der Gegend herum und lass mir dabei, ist wirklich die Krönung, von einem mir hinterherlaufenden Zwerg, Puderzucker in den Arsch blasen.

## Der Haken

Jede Sache hat irgendwie immer irgendwo einen Haken, genau da haken wir uns dann ein, das ist sein Zweck und wir heiligen damit die Mittel, die uns dann zur Ausführung drängen. Und nicht nur die Sache, auch wir haben diesen Haken, den kann man leider auch nicht abhaken, wie wir das gerne immer wieder versuchen, doch finden wir ihn, des öfteren, nicht, obwohl wir genau wissen, das er da ist. In der Sache, geht es dann auch schnell mal, zu dieser. Im hektischen Ereifern reißen wir uns dann an dem ignorierten Haken, den Arsch auf. Und beschweren uns über die schmerzvolle Erfahrung, die wir machen und suchen weiter nach dem Haken, an der Sache. Obwohl wir am Selbigen schon die ganze Zeit hängen und denken, wir hätten ihn am Haken. Das liegt in der Natur der Sache, es ist genau dieser. So das man sich diesem

Köder in den Weg stellt, ein Stellungsspiel also, in Singular so zu sagen. Ist nur eine Frage der Figuration. Zum eigenen Standpunkt kann man sich ja an den anderen orientieren. Könnte eine interessante Perspektive ergeben, wenn die Anderen dann wiederum aneinandergeraten und kopfschüttelnd die Augen verdrehen. Wenn man am Haken hängt, sollte man sich nicht über Zugkräfte beschweren.

## Doch wo sind die Gedanken geblieben

Die mich trieben, es nieder zu schreiben, auf das mich die Vergangenheit wieder da ankommen lässt, wo ich einst verweilte. Da las ich doch glatt die Worte eines anderen und tat es ihm gleich. Ich lies, mich gehen, und war frei, für diesen Augenblick.

## Der Stuhl

Erleichtert lehne ich mich zurück und falle hinten runter, erwarte den harten Aufschlag, aber nichts passiert. Nur die rastlose Unruhe löchert mich und ich möchte mich erneut zurücklehnen.

## Vampirisch

Von illusionistischen Tagträumen verzückt, fliege ich in das Tal, der so heiß geliebten Einsamkeit. Entschwebe in den See von Traurigkeit, finde dort das Hier und Jetzt der Liebe, zu mir selbst. Fühle den Schmerz, die aufwühlende Leidenschaft, zu sterben. Verzehre mich in den Tod, in des Schlafes unendlicher Zeitlosigkeit und erwache in den Traum meiner Realität.

## Kontemplativ

Im freien Fall ist die Geschwindigkeit, keine Kraft, die mich beflügelt. Ich fliege auf mein unvermeidliches Ziel zu, ohne zu wissen, wann es mich erreicht. Doch was ist schon Zeit, wenn ich nur im Augenblick eines Momentes existiere. Fühle ich eine Bewegung, die Anwesenheit von etwas, das mich erlebt. Wozu eine Antwort finden, wenn ich schon lange über das Ziel hinaus geschossen wurde, durch die Kraft meiner Gedanken, ist die Tiefe, auch nur eine Oberfläche die mich durchdringt und mir das Gefühl für Zeit und Raum erleichtert.

## Der der verstand

Ich muss das Leben nicht verstehen, wenn ich mich in der Situation verstehe, also nicht rumstehen, um zu verstehen, das du alles wissen kannst, heißt nicht, das du es auch verstehst. Wenn du weißt, wer du bist, weißt du auch, wer ich bin. Hochkomplizierte Fragen haben meistens ganz einfache Antworten.

## Obwohl

Gut auf dass die Liebe gewinnt, auch wenn es kein Machtkampf ist. Es ist ein, sich immer wieder finden, wenn es nicht verloren geht, was sich gefunden hat. Jetzt mein Verstand sich im Kreise dreht, weil er paradoxe Wege geht. Doch mein Geist immer wieder ins Schwarze trifft, damit die Hoffnung nicht mein Herz auffrisst.

## Der Blick des Auges

Ich lebe mein Leben schon mein ganzes Leben lang, nur das „eigentlich" hindert mich daran, es auch zu verstehen. Aber warum eigentlich, was hält mich davon ab?, eigentlich weiß ich es nicht, denn eigentlich höre ich auf meine innere Stimme. O.K., vornehmen kann man sich das eigentlich nicht, nur dazu entscheiden. Und das versteht sich von selbst, eigentlich.

## Kultur ist keine Bildungslücke

Sprach ich und sprach, dann doch nur zu mir selbst, und glaubte, zu wissen, wovon ich rede, war mir ganz sicher, das erste Mal in meinem Leben. Aber fragen sie mich nicht, warum ich ihnen das erzähle, das weiß ich nicht, also davon gehe ich zu mindestens aus. Ich glaube, dass sie nicht wirklich wissen wovon ich rede, vielleicht täuschen wir uns ja, wer weiß das schon so genau, wissen sie, an wen man sich da wenden kann, sie wollen wissen wieso, ja sehen sie ich auch, jetzt geht es ihnen genau so wie mir, und da dachte ich halt, sie könnten mir vielleicht sagen wieso.

## Das Gesicht des Drachens

Vielleicht lebt man ja einfach so vor sich hin, jeden einzelnen Tag. Erfüllt sein Tagewerk, geht seiner Arbeit nach, amüsiert sich und versucht, irgendwie glücklich zu sein, und wenn auch nur ein bisschen, oder wenigstens etwas zufrieden, ich weiß das ist nicht einfach, man braucht noch dies und jenes, hat das noch nicht erreicht, ist damit noch nicht fertig, oder hängt einfach nur ab, berauscht sich, wird süchtig, verliert alles und verendet jämmerlich in der Gosse. O.K. Spaß beiseite, vielleicht ist man ja auch zufrieden mit seinem Leben, soll es ja geben, habe ich mal irgendwo gelesen oder gehört, nein das hat mir kein Fabelwesen geflüstert, als es auf meiner Schulter saß. Aber genau das ist der Punkt, einfach so passiert irgendetwas Unerwartetes, egal was, es kann was Sonderbares sein, oder auch nicht, es passt jedenfalls nicht ins Bild, es irritiert uns, und für einen kurzen Augenblick sind wir rausgerissen, vielleicht nicht beim ersten mal, aber es wird wieder geschehen, und da spüren wir auf einmal das wir leben, wenn wir Glück haben und es bemerken, wenn nicht kann es auch tragischer werden, muss es aber nicht. Das kann nicht sein, sagen wir uns, war bloß ein Zufall, es war eigentlich gar nichts, und doch, auf einmal taucht sie auf die Frage: „Warum". Und jetzt ist es passiert, und es gibt kein Zurück mehr, wir fangen an nach Gründen zu suchen.

## Am Anfang war Praxis ein Wagnis

Ich weiß das wir, und damit meine ich uns, uns Menschen, noch am Anfang, von dem Stehen was wir sind. Manche glauben diese Welt ist grausam, ungerecht, ja in vieler Hinsicht menschenfeindlich. Und in den wenigen Augenblicken, wo wir Liebe, Zusammengehörigkeit, Frieden erleben, unsere Herzen sich berühren, wir uns Geborgenheit geben, Glück empfinden, frei von Angst sind, ist das der Weg, der Weg des gegenseitigen Verstehens. Die Verbundenheit in diesen Momenten ist die Kraft, die wir nutzen werden, um diesen Wahnsinn, der hier jeden Tag, ich meine jeden Tag, statt findet, beenden zu können. Das Zauberwort für unseren Verstand, heißt, verstehen, den Gegenüber, so wie er ist zu sehen, mit dem Herzen zu sehen und nicht nur eine äußere Hülle, zu betrachten. Jeden Tag schaue ich in viele Augen, sehe die Angst verletzt zu werden, wieder eine Enttäuschung zu sein, zu erleben. Bei manchen Menschen ist die Angst so groß, dass Sie Kriege führen, das Sie alles zerstören was ihnen nahekommen könnte, was sie, in ihrer Angst sehen könnten. Ehrlichkeit ist ein steiniger Weg. Dabei wollen wir doch nur wissen, woran wir sind, verbrüdern uns, aus demselben Feindbild heraus, um diesen Feind gnadenlos zu zerstören, am besten für immer zu vernichten, um endlich Frieden zu finden, geliebt zu werden. Das Recht der Vergeltung, aus der Verletzung heraus, ist die treibende Kraft, die uns nur noch einsamer macht. Wir haben keine natürlichen Feinde mehr, also schaffen wir uns künstliche, um unsere Ängste zu nähren, denn die Angst ist unser vertrautester Verbündeter, da er uns so oft warnte, vor dem Schmerz, in unserer Vergangenheit. Und so überlassen wir der Angst das Handeln und Beugen uns Ihr.

### Ein starkes Gefühl

Du bist mir so nah, warst immer da, hast zu mir gehalten, hast mich in die Arme geschlossen und doch hab ich dich nicht immer wahrgenommen. Manchmal hatte ich das Gefühl, dass du an mir vorüber gezogen bist, ohne dich zu verstehen, doch du bist ein Teil von mir, untrennbar mit mir verbunden, manchmal zeitlos, oft nur ein Augenblick, eine Empfindung, eine Erfahrung, ein Gedanke. Ich sehe dich, wenn ich in den Spiegel schaue, spüre dich, wenn ich komme, wenn ich lache, wenn ich einsam bin, du, mein Leben.

## Nimm dich

Doch mal selber in dein Gebet, was dir wichtig ist, was dein Herz dir sagt, was du fühlst, was dich glücklich macht, dir Freude schenkt, dich liebevoll, voll Liebe sein lässt, was dich lässt, loslässt und nicht fallen lässt, fallen lässt und weich in den Arm nimmt, dein Herz kann das, trau ihm da ruhig, ganz leise, heil, voll, rund.

## Tränen

Was wundern dich Tränen in meinem lachenden Gesicht. Falsche Heiterkeit schmerzt, denn die Lebensfreude kommt aus dem Herzen und beschämt die, die nur der Lust frönen.

## Es tut mir leid

Dass ich rasend war vor Eifersucht, du mich nicht erkannt hast, du mich liebtest und betrogen hast, ich der Situation nicht gewachsen war, du dich an mir rächen musstest, wir uns erst im nächsten Leben wieder begegneten, ich dich auf dem Scheiterhaufen verbrannte, du mich zur Einsamkeit verfluchtest, ich dich nicht vermisse, du die einzige Frau bist, die mir gewachsen war. Wenn wir uns wieder sehen, wird mir das Herz auf gehen und ich werde dir sagen, es tut mir leid, dass ich mich freue, dich zu sehen, denn du könntest weiter gehen. Und ich, ich würde es verstehen und mich freuen, wenn wir uns wieder sehen.

## Nur von kurzer Dauer

Ich gehe aufrecht durchs Leben, jage dem Traum des Schönen hinterher, immer auf der Suche nach dem perfekten Glück, dem vollendetem Ausdruck an Leben. In der Hoffnung das die ersehnten Prophezeiungen, endlich wahr werden. Doch dein Glück auf dieser Welt musst du mit Blut bezahlen, mit Doppelmoral, mit Verleumdung deiner wahren Natur. Und so schreie ich wie Unterwasser nach dem Ausbruch von allem, was wir uns je erträumten, denn ich sehe in unserer Vergangenheit nur Betrug, Krieg, Hunger und seelisch vergewaltigte. Doch ein darauf basierendes Glück in dieser Welt, ist nur von kurzer Dauer oder gekauft.

## Sex und ein bisschen mehr

Sind wir Männer da alle gleich, gleich nach der Erschlaffung nur noch mit uns selbst zusammen sein zu wollen. Wir wollen bewundert werden, weil wir alles andere erschaffen können, nur nicht das Leben, das ist euch vorbehalten, obwohl wir den Anstoß geben. Ihr seid die nehmende Kraft, ihr nehmt, um zu geben, wir geben, um zu nehmen. Doch die Leere zu spüren, birgt auch nur wieder die Möglichkeit sich füllen und fühlen zu lassen, es zu wollen, beim nächsten Mal. Ich bin dein Spiegel und nach dem ich alles gegeben habe, meinen Geist, meinen Samen, gehört die Nacht und Einsamkeit mir ganz allein. Denn sie ist die Meine und nicht du. Du nimmst alles von mir mit und schenkst es einem Anderen. Doch ich bin im Geiste Mann und Frau, so lange dir das Verständnis dafür fehlt, wirst du mich immer wieder anklagen. Ach übrigens, Süßigkeiten sind Streicheleinheiten für das Ego.

## Vorsicht Falle vaginal gegliedert

Vergangene Lieben ließ ich hinter mir, als ich dich traf. Ich lernte zu sehen, zu verstehen, dass jede neue, alte Liebe, eine Umarmung von dir, mir ist. Nun sehne ich der nächsten Begegnung mit dir entgegen, alles war perfekt beim ersten Mal. Jedes Detail eine Wahrheit, und doch, wie selbstverständlich für dich und so einfach für mich. Deine Augen so offen, so weich, so klar, und ich, freudig erregt. Ich hätte es mir nie verziehen, dich nicht anzusprechen. Die Begegnung mit dir schickte so viele kleine Ereignisse voraus. Hier ein Blick, dort dann doch „zickzick". Ein bisschen kokett, Scham und verlegen, oder einfach nur vulgär. Vielleicht elegant und erhaben, so scheint es, spielerisch verführt, doch nie berührt. Oder einfach nur naiv, teuflisch, animalisch, verlangend, dämonisch. So kanns gehen, irgendwann werde auch ich mein Frauenkarma verstehen. Da schenkt sie dir ihr schönstes Lächeln, was bei dir gleich, hormonell, alle Sicherungen durchknallen lässt, und dein Blut in die Lenden pumpt, du keinen klaren Gedanken mehr fassen kannst, weil dir die Hoffnung auf eine Zweisamkeit, eine Intimität, jegliche Zurechnungsfähigkeit nimmt, dich zum Spielball macht. Dabei ist es doch so einfach, wenn die Absicht klar wäre und das Zögern nicht immer wieder die Unsicherheit schürt. Aber wer glaubt schon wirklich an die große Liebe, an die unendliche Zweisamkeit. Wenn der Zweifel, die Zwietracht einem andauernd Prüfungen unterzieht, um zu testen, wie stark die Zusammengehörigkeit wirklich ist. Und dann sind da ja noch die eigenen Unzulänglichkeiten, die dir unwiderruflich klar machen, dass du nur dir selbst treu bleiben kannst und eine Beziehung lediglich auf Übereinkünften beruht, die sich mit der

Zeit unausgesprochen einschleichen und den Konflikt, die Auseinandersetzung, unausweichlich machen, doch, vergangene Lieben ließ ich hinter mir, als ich dich traf.

## Mein Sohn

Du bist mein Leben, ich weiß nicht, ob ich dir je gerecht werden kann, ob die Entscheidungen die ich traf, die Richtigen waren, sie haben dein Leben verändert, es geprägt. Das zu wissen ist eine schwere Herausforderung für mich, denn du bist mein Herzblut und auch mein Schicksal. Durch dich habe ich bedingungslose Liebe erfahren und erlebe sie jeden Tag, den wir zusammen verbringen. Wenn ich an dich denke, dich beobachte, mit dir etwas erlebe, fühle ich wie sehr ich dich liebe. Du wirst mir immer nah sein und ich werde dich immer in meinem Herzen tragen, egal wie groß die Distanz auch immer sein mag. Mein Erbe an dich ist mein Leben, möge es dir eine Inspiration sein. In Liebe, dein Vater.

## Was von mir erwartet wurde

Denn irgend wie ging es immer nur um die anderen, was sie wollten, wie es ihnen ging, in welcher Situation sie waren, was ihnen wichtig war, und ich war immer da für Sie, egal wie sie mich behandelten, ich verstand ihre Situation, ich wusste, wieso sie mich brauchten und ich Sie, da ich nicht allen sein konnte, hatte Angst vor mir selbst, vor dem, was ich bin, obwohl mich mein Leben nicht verschonte, es mir immer wieder die Möglichkeit gab, meine Situation so zu sehen wie sie war, doch wenn ich glaubte jemanden zu brauchen, um Hilfe bat, waren Sie weg, entzogen sich mir. Unterstützt wurde ich immer von denjenigen, von denen ich es nicht erwartete, mit denen ich eigentlich nichts zu tun hatte, so möchte ich mich bei diesen Menschen bedanken. Die einzige die mein ganzes Leben lang für mich da war und zu mir gehalten hat, ist meine geliebte Mutter und der einzige dessen Anerkennung ich immer wollte, der mich aus seinem Leben strich und mir meinen Sohn wegnahm, weil ich meinen Sohn leider so behandelte, wie ich als Sohn behandelt wurde, war mein Vater, bei dem mein Sohn in seiner Verzweiflung, Rat und Hilfe suchte, die sich dadurch äußerte, das mein Sohn sich mir entzog und ich mal wieder vor vollendete Tatsachen gestellt wurde, so wie die Mutter meines Sohnes, es immer zu tun pflegte, ohne mich darüber zu informieren, denn ich war ja sowieso an allem Schuld, dabei wollte ich ihr nur dabei helfen, mich nicht so zu behandeln, wie Sie von ihrer Mutter behandelt wurde. Jetzt steh ich hier und alle Beteiligten zeigen mit dem Finger auf mich, nach dem ich jahrelang versucht hatte ein guter Vater zu sein und versuchte die Anerkennung und den Respekt von meinem Vater zu bekommen, was ich jedoch bekam, war seine Art von Segen, indem er mir viel Glück und Erfolg für mein restliches Leben wünschte, als er mich aus seinem Leben strich und das natürlich nicht persönlich, sondern schriftlich, damit ich es schwarz auf weiß habe. In solchen Sachen war er unschlagbar, wie er mir immer wieder bewies in der Vergangenheit, in verschiedensten Situationen, in denen er mich verletzte und demütigte, ohne sich zu entschuldigen. Er hat mir nicht einmal in seinem Leben gesagt, das er mich liebt. Eigentlich war ich nicht mehr Teil seines Lebens, als er sich von meiner Mutter trennte und eine neue Familie gründete, von der ich nie ein Teil war, weil ich nicht so war, wie ich hätte sein sollen in seinen Augen, Schuld daran war natürlich meine Mutter, die er auch auf das Heftigste beleidigte und verleumdete, wenn er über sie sprach, was mich natürlich sehr traf. Ja das konnten Sie gut, mein Vater und die Mutter meines Sohnes, mich immer wieder dafür zu bestrafen, das ich ihnen helfen wollte, ich nachsichtig war mit ihrem Unvermögen und Sie gewähren lies. So hat nun mein Sohn dafür bezahlt, da ich unfähig war diesen Schmerz und diese Verzweiflung nicht an ihm aus zu lassen, obwohl ich es besser wusste und mit aller Kraft versuchte ihn davor zu schützen. Das war mein Unvermögen zu handeln und sind meine Tränen, die ich für ihn weine und so ihn um Nachsicht und Verzeihung bitte, so wie ich Nachsicht und Verzeihung übe, mit mir selbst, meinem Vater und der Mutter meines Sohnes. Das ist das Einzige, was ich jetzt noch tun kann, bevor ich tue, was ich kann und will, da ich der bin, der ich bin und nicht der, der ich sein sollte oder müsste. In den Augen derer, die glauben etwas zu sein, was Sie nicht sind und mich für jemanden halten, der ich nicht bin.

### Das Leben ist kein Dauerorgasmus

Am Anfang dachte ich, ich könnte die Welt verändern, bis ich dann feststellte, dass mich die Welt veränderte. Und ich zwanzig Jahre meinem Vater hinterherlief, schön doof, in der Zeit hätte ich die Karriere machen können, von der er immer träumte. Und so bin ich der, der es ausspricht, „nicht jede Prolltussy hat eine Trollpussy". Von der Liebe ganz zu schweigen kam ich zum Glauben, glaubte ich.

## Und wieder einmal

Die Frage nach dem warum. Und wieder einmal die Wut im Bauch. Und wieder einmal die Träne im Auge. Und wieder einmal den Schmerz im Kopf. Wo ist das Herz, die Empfängnis, der Fluss des Unfassbaren, die Wiedergeburt der Tollwut, der Ausbruch des Maßlosen, die Sprengung aller Konfessionen, der Sprung in die Unendlichkeit, wo ist die grenzenlose Wirklichkeit, die Allmacht in der Ohnmacht. Wo ist die absolute Unterwerfung in die eigene Göttlichkeit, wo bleibt die Glorifizierung der arroganten Überheblichkeit, der Selbstverherrlichung. Wenn nicht in der Unfassbarkeit der eigenen Existenz. Und doch tun wir immer wieder so, als hätten wir es nicht bemerkt, schleichen uns einfach vorbei, es hat schon keiner gesehen, man schaut ja sowieso nicht so genau hin und im nächsten Augenblick ist es schon wieder vergessen. Damit vergewaltigen wir uns immer wieder aufs Neue, natürlich total künstlich. Die Scheinheiligkeit wird zur Weltherrschaft ernannt. Das sind die Helden und Märtyrer der Gegenwart, das ist die klassische Moderne, allumfassende Innovation. Und doch gibt es keine Kraft, die mich zerstören kann, nichts ist ohne Belang, in allem findet man sich wieder. Der Augenblick ist die stärkste Empfindung, es ist die Form in der Bewegung, die Gleichzeitigkeit zwischen Nähe und Distanz, einfach das Leben selbst, jetzt, hier.

## Und so

Stolpere ich von einem Tag in den anderen, ohne eine Motivation kreativ zu sein. Verpasse immer wieder den Anschluss zu mir selbst, gefangen in der Lethargie meiner

Existenz. Und doch bin ich nicht bereit, mich geschlagen zu geben. Suche in der eigenen Einsamkeit ein bisschen Frieden, möchte eine für mich fühlbare Wichtigkeit wieder finden, einen Lichtpunkt. Wenn ich doch so viele Chancen in meinem Leben hatte, wo war mein Wille sie umzusetzen. Und so, liege ich Nacht um Nacht wach und drehe mich im Kreis, möchte auch einmal ein Zugeständnis für meine Person, stattdessen finde ich mich als Mülleimer für den Psycho-Schrott der anderen wieder. Ich will kein Mitleid, ich sehe mich nicht als Opfer, doch was für ein Schicksal habe ich, das ich mein Leben alleine beschreite, zwar mit Freunden, die mich berühren, aber wo ist der intime Kontakt, das, was Menschen füreinander wichtig macht, wertvoll. Es wird alles so schnell wieder beliebig, wo sind die wirklichen Berührungspunkte. Wenn nicht in dem, was ich gerade beschreibe, da wir doch alle immer wieder mit uns selbst konfrontiert werden, mit dem was wir zu glauben sein.

**Fragt mich nicht**

Ich spiele das Spiel mit und suche nach irdischem Glück. Ich bin über keinen Zweifel erhaben und habe viel zu verlieren. Ich bin leicht zu verführen und kein toller Typ. Ich habe mit Kritik ein Problem und bin ziemlich lasziv. In die Schublade mit meinem Namen passe ich nicht rein, dazu bin ich zu unbedeutend und doch so viel mehr. Ich werde auch gerne falsch verstanden und das ist gut so. Doch die Augenblicke, in denen ich mich finde, fühle ich, was es bedeutet, hier zu sein. Und das ist es, was ich wollte, einfach nur zu leben.

## Dogma der Wissenden

Die Gewissheit kann ich nur für mich haben. Man erzählte mir immer, was gut für mich ist, was richtig, was falsch. Vertrauen ist nicht, zu glauben, das es richtig ist, was man mir erzählt, sondern mich meinen Weg gehen zu lassen. Was weiß ein Außenstehender schon von meinem Leben, man will mir helfen, versteht mich aber nicht, ist sich seiner Sache so sicher, ist aber erstaunt, wenn es anders kommt, als man dachte. Liebe seilt keine Bedingungen, Sie gibt, ohne zu fragen, Sie ist eine Antwort, ohne Erklärungen und Versprechen. Mein Glück liegt nicht darin, das andere wissen, was gut für mich ist. Es liegt in der Erkenntnis über meine Situation. Meine Freiheit ist kein Problem für mich und man drängt mich doch, endlich zu verstehen, wie recht man doch hat. Man will mir helfen für die eigene Gewissheit. Der Druck wird immer größer, je mehr man nicht mehr mitspielen will. Egal um was es geht, wie auch immer die Wichtigkeit der Gewissheit ist, wenn derjenige so davon überzeugt ist, warum lebt er dann nicht danach. Mein Leben führt mich, so wie ich mein Leben führe, deswegen bin ich hier. Und ihr, weswegen seid ihr hier?

## Die gesuchte Klarheit

O.K. Therapie, der Sache auf den Grund gehen, punktuell den Kern zerlegen, die psychische Archäologie ausgraben, den klebrigen Sprengstoff, implodieren lassen, der zugelassenen Angst es überlassen, dem Chaos sein Tribut zahlen, nur der Wahnsinnige ist sich wirklich sicher. Eine parallele Ebene schaffen, um sich zu abstrahieren. Nicht die Ausfahrt freihalten, die Freiheit aushalten. Und dann ist da ja noch, dass „Ich" mit dem man lebt und sich fragt, „warum ich"!

## Das Leben ist schön

Aber dessen nicht genug, denn ich bin kein Künstler. Einer von denen, die nicht glanzvoll, dynamisch in der Gesellschaft etabliert sind. Und so bin ich so sehr mit mir selbst beschäftigt, dass ich nicht sehe, was es mit sich bringt, mein Leben zu leben, was eigentlich sehr einfach ist. Doch um die Schlichtheit meiner Existenz zu begründen, sehe ich mich als Künstler, so einfach ist das, normal. Kreativität wird aus dem Schmerz geboren und das Laster, der Exzess, ist die Offenbarung des Ausdrucks meines Daseins. Die Jagd nach dem Sinn findet immer neue Wege, mir das altbekannte Fragezeichen auf zudrücken. Ich werde nur mit der Zeit gelassener und suche mehr nach der Qualität, als nach dem Lustfaktor. Für den Genuss nehme ich mir Zeit, Erfahrungswerte sind eine Frage der Entspannung, sich die Dinge genauer zu betrachten. Das Alter bringt Zeit mit sich, die man früher glaubte, nicht gehabt zu haben. Das hört sich so toll an, dass ich annehmen könnte, ich bin auf der sicheren Seite. Doch das ist nur eine Illusion, die mich blendet, um daran erinnert zu werden, dass ich jeden Morgen von vorne anfange. Das Leben ist schön, zu schön, um wahr zu sein. Und doch, es dreht sich alles um uns selbst, und dann erst um die Anderen. Aber wir können ganz beruhigt sein, das so benannte Wissen kommt aus uns selbst. Das Leben erinnert uns nur immer wieder daran, es nicht zu vergessen. Außer unsere Ignoranz ist stärker, doch die schwindet mit jeder Runde, die wir drehen, wenn wir wieder einmal auf den Punkt kommen. Von dem keiner so genau weiß, wer er ist. Und er der

Punkt, auf den ich jetzt komme, der so viele Male beschrieben wurde, in allen Epochen, das Leben ist schön. Die Wahrhaftigkeit findet ihren Weg und wir auch, denn wir haben ja noch den Punkt.

## Ein Teil des Universums

Das Spiel geht weiter und ich frage mich, da mich meine Träumereien wieder verlassen, ob die Erfahrung, das Verständnis für mein Selbst, sich offenbart, denn ich renne den Dingen nicht mehr hinterher, sie kommen sowieso auf einen zu, wenn man bereit dafür ist und nicht ewig darauf wartet, dass sie passieren, die heiß ersehnten Erlebnisse und Geschichten, die mit der Zeit verblassen, um immer wieder neu erlebt zu werden, bis sie sich so tief in deinem Gedächtnis einbrennen, dass du sie nie wieder vergisst. Doch wo bleibt da die Spannung, dass Unerwartete, wenn alles so schön vordefiniert wird, nun gut noch liege ich nicht in der Kiste. Und wenn die große Erleuchtung kommt und mich die allumfassende Klarheit unendlich langweilt, soll mich der Blitz treffen und zurück schleudern zum Anfang aller Dinge, auf dass, dass Spiel von vorne beginne und ich wieder Freude und Leid erfahre, in allen Facetten. Falls mich die Empfindung nicht verlässt, müsste ich nicht von vorne beginnen, so könnte ich alles Erlebte mitnehmen, auf dass mir die Unwissenheit und Naivität keinen Streich spielen. Denn sie würden mich zur leichten Beute machen, für die, die auf dunklen Wegen wandern und mir zeigen, wie man sich selbst betrügt. So sind die Möglichkeiten der Wege, die ich gehen kann, wahrscheinlich unendlich. Doch die Ironie, einem bei genauerer Betrachtung auch nur wieder den eigenen Weg, das eigene Leben, dabei wiederfinden lässt, mit der Frage nach dem warum, doch das interessiert mich nicht mehr, denn ich bin ein Teil des Universums und das Universum ist ein Teil von mir.

## Ich mich mein Selbst

Es ist wie es ist, ist immer einfach gesagt, wenn man einen anderen Weg gehen will, weil der alte nicht mehr funktioniert. Nicht das man das wollte, man steht dann halt einfach da und denkt scheiße, irgendetwas ist anders als gestern und merkt, dass man anders mit der Situation umgeht, als man es gewohnt war. Und wenn sich das Selbstbewusstsein, die Selbstwahrnehmung einmal komplett umdreht, so das, das Innere sich nach außen dreht und das Äußere nach innen wendet, steht man auf einmal nackt dar und alles was man so die ganzen Jahre vor sich selbst und ganz besonders vor den Anderen verbergen wollte und hat, für jeden offen ersichtlich ist. Ist jetzt nur die Frage inwieweit mein Gegenüber, das auch wahrnimmt, vielleicht ist er ja gerade mit der gleichen Nummer beschäftigt. So versucht er, genauso wie du seine Scham zu verbergen, und sieht weder dich noch sich selbst. Wie soll man sich aus der Sache raus winden, wenn es da nichts mehr gibt, wo man sich herauswinden kann. Die alten Verhaltensmuster lösen sich einfach auf, da kann man so viel im leeren Raum rum fuchteln, wie man will, da ist nichts Greifbares nichts Gewohntes mehr, auf was sollte man da noch zurück greifen?, na ist doch klar, auf das, was man gerade neu entdeckt hat. Es ist ja nur ein anderer Teil von einem Selbst, man kannte ihn halt nur noch nicht. Das ist doch wunderbar, endlich mal was Neues, Überraschung, das Dumme ist nur, das, das Ego nichts mehr zu melden hat, weil es bei dem, was passiert, einfach nicht mithalten kann, da kann es sich noch soviel aufplustern wie es will, ist halt nicht seine Liga, dafür war es nie gemacht, war nie seine Aufgabe, es sollte uns nur hier auf dieser Ebene hallten, den Verstand lassen wir auch mal besser außen vor, dem geht es mit ziemlicher Sicherheit genau so, von irgendwelchen emotionalen Bauchgefühlen ganz zu schweigen. Wir sollten es uns mit dem Herzen anschauen, dann wird uns die Intuition zu unserem Geist führen, den wir gerne mit unserm Verstand verwechselt haben. Lass es einfach zu, es öffnet sich vom Selbst.

## Was ich meiner Mutter verdanke

Was würde ich sagen, wenn es nicht so wäre, nichts, nur schweigen würde den Raum erfüllen, denn ich verdanke meiner Mutter alles. Sie brachte mich in diese Welt, sie ist bis heute für mich da und war es immer. In meinen dunkelsten Stunden war sie es, die mir zuhörte, die mir Trost spendete, und mich nicht verzagen lies. Wie könnte ich sie nicht lieben und ehren. Manche Sternstunde auf meinem Weg teilte ich mit ihr. Eine meiner wichtigsten Begegnungen in jungen Jahren war ihr Verdienst. Ich war immer ein Teil ihres Gebetes, ihr Glaube an mich, an meinen Vermögen als Freischaffender, als künstlerisch tätiger war immer ungetrübt also klar. Wenn ich haderte mit mir, war sie meine Zuversicht. Wenn ich irrte durch die Zeit, war sie das Licht am Ende meines Tales. Wenn ich es nicht wusste, war sie geführt für mich, von Gott, das weiß ich jetzt. Sie war die Konstante, wenn ich heimkehrte von meinen riskantesten Wanderungen in fremden Welten, ohne das ich es mitbekam. Ihre Sorge war mein Gewissen. Ich werde es wohl nie begreifen, wie viel mehr sie immer für mich sein wird. Und so ist es selbstverständlich für mich, dass ich ihr diese Zeilen widme. Danke das es dich gibt, meine geliebte und verehrte Mutter.

## Hamsterradgeflüster

So steh ich hier im Angesicht meines Schattens und frage die Träne auf meiner Wange nach ihrer Berechtigung. Doch sie lächelt mich nur an mit den Worten, „Ich bin eine Freudenträne". Doch mein Spiegelbild will mich eines Besseren belehren, „Dein Schatten ist nur ein Trugbild". „Und was bist du dann für mich": frage ich es. „Etwas was sich deiner Wahrnehmung entzieht": entgegnete es schnippisch. „Geil, mein Konterfei ist eine Zicke": erwidere ich. „Siehst du hab ich dir doch gleich gesagt": warf meine Freudenträne ein. „Die Würze des Lebens spricht zu mir": sage ich dankend. Ein Hauch von Jenseits geht mir durch den Kopf, auf leisen Sohlen. Die Unschuld wird Gott ein Zwinkern schenken und mich daran erinnern das ich mehr bin als nur eine Idee am Horizont. Wichtig sind immer die, die sich auch dafür halten. Zu dumm das man die nicht ändern kann. So entstehen ungewollt Abhängigkeiten mit Leuten, die man auch noch scheiße findet. Glücklich sein kann man damit nicht. Das wird deutlich, wenn die Furcht vor der Einfältigkeit, sich von hinten anschleicht und einem ihre kalte Hand auf die Schulter legt. Nur die ist auch nur solange charmant, solange sie nicht anstrengend wird. „Tja wie gewonnen so zerronnen", flüstert die Glücksträne und wird von meiner Zunge weg geleckt als sie meine Lippe berührt. Ich koste den edlen Tropfen, Euphorie entspringt meinem Herzen, das Elixier berührt mein Sein, so hoffe ich. Wie kann ich nur, Wünschen ist nicht Wissen. Der Vater des Gedankens ist nicht mein Fleisch und Blut. Und bitte keinen Billigfusel im Tempel der Schuld. Ich bin kein Gnostiker und ohne einen verklärten Blick auf das Leben. Eine höhere Macht kann da auch nicht intervenieren, die existiert nicht in meiner Welt, wenn sie kein Teil von mir ist. Nur, interessiert mich das, sollte es das, wäre es wichtig, letztendlich ist es meine Entscheidung, ob ich das zweischneidige Schwert ziehe und der Abzweigung folge, die ich erblickte. „Siehst du war doch halb so schlimm", sagte mein Phantomschmerz. „Du hast gut reden, dich gibt es ja nicht", erkläre ich ihm. Ich stand schon völlig heiser im Wald, da schallte gar nichts heraus. Nur die Schwachen unterdrücken die Starken. Also Kopf hoch, sei stolz mit Mut zum Höherem. Und wenn du den Boden küsst, erhebst du dich voller Freude, ob einem das nun gefällt oder auch nicht, spielt keine Rolle. Der wird man ja eh nicht gerächt und kalt serviert, ist diese auch immer wieder eine Überraschung. Am anderen Ende der Welt scheint die Sonne halt ein wenig später. Und wie kann ich meiner Zeit voraus sein, wenn manche behaupten, ich ticke doch nicht richtig. Ist aber nicht schlimm, läuft ja nicht weg. Die wahren Götter sind immer die, die keine sind, die Anderen erscheinen nur als solche. Und die wahre Liebe ist nicht von dieser Welt und trotzdem erträgt uns Mutter Erde weiterhin. Die wahrhaftigen Menschen auf dieser Erde lenkten das Geschick der Menschheit, und waren unfreiwillig Religionsstifter, nicht das sie das nicht wussten, das war eben ihr Schicksal, könnte man sagen, doch ist es eher ihre Entscheidung gewesen. Wenn wir erwachsen werden wollen, sollten wir aufhören, unsere Kinder zu erziehen. Und wenn dein Kind eine Herausforderung für dich ist, bist du auch eine für dein Kind. Es macht auch nichts falsch, den das lernt es ja erst von dir.

## Mein letzter Wille

Ist ein Abenteuer, das mich dahin bringt, wo ich einst her kam. Ist ein Versprechen an das Leben, für das ich immer dankbar sein werde. Ist die bedingungslose Liebe, die mir meine Seele schenkte. Ist ein Geschenk an mich selbst. Ist die Verbindung zum Kosmos. Ist die Versuchung den göttlichen Willen zu kosten. Ist meine Berufung zu verstehen. Ist das Vertrauen meinen Weg zu gehen, ohne es wollen zu müssen. Ist zu wissen, dass ich immer zur richtigen Zeit am richtigen Ort bin. Ist die Träne im Auge, da ich mich so liebe, wie ich bin. Ist, dass es mein letzter Wille ist und ich frei bin. Ist durch das Leid zum Licht zu gehen, ohne zurückblicken zu müssen. Ist zu lächeln, wenn die Demut mir die Wange streichelt. Ist zu verstehen, dass es gut ist, wie es ist. Ist zu fühlen, das ich sowieso immer im Hier und Jetzt bin. Ist die Gewissheit, das alles, was mir wieder fährt, meine eigene Entscheidung ist. Ist die Gelegenheit, es genau so zu machen und nicht anders. Ist, dass mein Wille einfach stärker ist als ich, auch wenn ich es nicht verstehe. Ist eine Liebeserklärung.

## Kein großes Gerede

Jetzt keine Luft holen, nicht atmen, im Vakuum ist alles möglich und nichts gegeben. Doch da ist dieser immer wiederkehrende Traum, wo ich fliege, glücklich bin, frei von allen Zwängen, kein wenn, kein aber, keine Zweifel, nur die unbesonnene Heiterkeit, so fühlt es sich an, wenn ich, ich bin, wenn mich nichts verhindert, kein im Weg stehen, was könnte mir jetzt noch verborgen bleiben, es ist alles da, greifbar, uneingeschränkt möglich, ohne zeitliches Limit, ich breite die Arme aus und atme tief durch. Wer lebt schon gerne seinen Traum, wenn er gar nicht weiß, dass er schläft. Alles als gegeben hinnimmt, und die innere Stimme so leise mit ihm spricht, das Sie im Tagesgeschehen untergeht. Wer kämpft, hat auch immer die Angst zu verlieren, dabei hat man schon etwas verloren, ohne es zu wissen, zu wissen, wer man ist, zu wissen, zu was man in der Lage ist, welche unendlichen Möglichkeiten, ein einziger Gedanke, ein untragbares Gefühl, eine zarte Sehnsucht, eine nicht aufhörende Unruhe, in einem Auslösen kann. Wie ein Getriebener jagt man diesem unaufhörlichen Drang nach, spürt, dass da mehr ist als man vermutet, als man glauben will, weil es nicht sein kann, nicht sein darf, dass mich da etwas berührt, was mir Angst macht, und doch meine Leidenschaft weckt, dabei ist es doch, Sie, die Leiden schafft, die mir keine Ruhe lässt, meinen Seelenfrieden stört, an mir nagt, wie eine Sucht, die mich Dinge tun lässt, die ich nicht will, die mir nicht guttun. Egal wo du glaubst zu stehen, wie weit du dir auch sicher bist etwas hinter dir gelassen zu haben, konfrontierst du dich unbemerkt, immer wieder mit dir selbst, mit dem Teil von dir, der kein Gehör findet, schon gar nicht von dir selbst und erst recht nicht von den Anderen. Jetzt wird mal nicht komisch, heißt es dann, dabei wäre Humor jetzt das Beste, was du haben könntest. Er würde dich zur Selbstbetrachtung führen, dir eine Möglichkeit zeigen, das verloren geglaubte, wider zu finden, du standest die ganze Zeit neben dir, hättest nur mal zur Seite schauen brauchen, den Blickwinkel zu ändern, das Unwahrscheinliche, wahr erscheinen zu lassen, dem Selbst zu vertrauen, für dein Selbstvertrauen, für das was du schon immer wusstest. Du hast es dir nur selber ausgeredet, mit Anleitung, durch Vorgelebtes. Jederzeit hättest du nein sagen können, hättest dich wehren können, nur hattest du dich entschieden es nicht zu tun, dich selbst zu verleugnen, zu verleugnen das deine Träume dir was anderes erzählten, dich auf einen anderen Weg schicken wollten, immer und immer wieder es möglich machen wollten, das du deiner erlernten Angst den Laufpass gibst, nicht mehr mit jedem Stab der Ahnungslosen losläufst, dem man dir in die Hand drückt. Bedenke, du bist nicht der Einzige auf dieser Erde, der das angenommen hat und sich damit identifiziert, glaubt, das bin ich, das sind meine Gedanken, du nährst damit auch nur die Gedankenblase, die dich beeinflusst, so wie viele andere Menschen auch, wodurch Sie immer stärker wird und immer mehr Macht auf dich ausüben kann. Wir erschaffen uns unsere geistige Welt. Alles, was du denkst, denken auch andere. Deshalb ist Wissen intuitiv, einander verstehen, ohne Worte. Erfasse das dein Standpunkt, deine Sicht auf das Leben, das du führst, heilig ist, den du bist der Einzige, der ihn hat. Das ist durchaus gewollt, ja sogar Absicht, wenn nicht gar unvermeidlich. Nichts ist wie das Andere in diesem Universum, dessen kannst du dir sicher sein. Genauso wieso es einen ganz bestimmten Grund hat, dass du ausgerechnet jetzt hier bist. Hättest du damit gerechnet, wäre das Ergebnis vielleicht ein anderes gewesen. Ist es aber nicht und auch das hat einen Grund, denn du kennst, aber vielleicht nicht erkennst. Du kannst alles wissen, das heißt aber nicht, das du es auch verstehst. Nicht immer blicken wir hinter die Gründe unserer Entscheidungen. Manchmal wollen wir es einfach nicht und bestimmt haben wir auch dafür unsere Gründe. Der größte Deckmantel für vieles ist unsere Angst, dabei gehört Sie uns gar nicht, doch verteidigen wir sie wie unser eigen Fleisch und Blut, als ob wir ohne Sie nicht leben könnten. Doch was macht uns angstfrei, die Liebe, der Mut sie los zulassen oder die Gewissheit sie gar nicht zu brauchen. Es ist eine Entscheidung, den Grund dafür sollten wir uns selber geben, denn das kann niemand Anderes für uns tun. Wovor fürchten wir uns, wem geben wir die Macht uns zu beherrschen, es hat was mit Verantwortung zu tun, eine Antwort darauf zu finden, und diese ist nur in uns selbst. Also traue dir selbst, vertraue dir ein Geheimnis an, behüte es, liebe es, den du bist es selbst, das Geheimnis. Es ist ein Versprechen, was du dir gegeben hast, vor sehr langer Zeit, so tief vergraben in dir, das du es schon fast vergessen hast. Doch deine Träume erinnern dich daran, bis du bereit bist dich selber an zusehen, dich so zu sehen wie du bist. Der Einzige der dich daran hindert, bist du selbst, ist die Angst vor dir Selbst, vor deiner Grenzenlosigkeit, deiner Unfassbarkeit, vor deiner eigenen Unendlichkeit und der Zeitlosigkeit deiner Existenz. Der Einzige der dir gefährlich werden kann, bist du selbst. Nur du kannst dir Schaden zu fügen und nur andere, wenn du es ihnen gestattest. Du erschaffst deine Realität, mit all deinen Gesetzmäßigkeiten, Rahmenbedingungen und Vorgaben und das konsequent. Über die Folgen dessen solltest du dir bewusst sein. Es ist dein Bewusstsein, deine Wahrnehmung, also nimm sie war und verleugne dich nicht, in keinem Moment deiner Existenz, du bist nur diese eine. Und wenn Sie dir nicht reicht, dann fange an, dich zu betrachten, beobachte dich, schaue dir selber zu, wie du lebst und handelst, ohne Wenn und Aber, nur wenn du bereit bist dir alles an zusehen, auch das was du glaubst nicht zu sein, wirst du dich selber lieben und alles um dich herum. Und ist Sie wieder da die Angst vor dir selbst. Sieh es als Spiel des Lebens, du bist ein Ausdruck des großen Geistes, ein Abbild einer Idee, eines Gedankens, eine Inspiration für dich Selbst, von dir Selbst. Du bist im Einklang mit dir Selbst, wie könnte es anders sein. Jeder Augenblick ist genau so, wie er sein soll, nichts könnte anders sein, als es sein könnte. Die Schöpfung ist vollbracht, war Sie schon immer, seit je her. Sie war, ist, und wird immer vollkommen sein. Alle Wege und Möglichkeiten waren, sind, und werden immer da sein. Nur die freie Entscheidung lässt dich alles denken, glauben, fühlen, wahrnehmen, erleben was du willst. In jeglicher Hin- und Rücksicht. Der Zufall ist ein dir zufallen. Es ist ein Glücksspiel, wenn du bereit bist dein Glück auch an zunehmen, das du es dir Wert bist es zu leben. Du kannst nur glücklich sein, es nicht werden. Nichts ist unmöglich, noch unnötig, es gibt weder zu viel noch zu wenig von allem. Dein Wille geschehe, weißt du noch, damit bist du gemeint und niemand anderes. Wenn du dich selber liebst, ist das erst der Beginn von einem Leben ohne Ereignisse, für die du dich nicht entscheidest. Der Gedanke formt das Wort, das Wort, die Handlung, die Handlung, deinen Charakter und damit dein Leben. Und so läuft es immer wieder darauf hinaus, die Kraft hinter dem Augenscheinlichen zu sehen und darauf zu vertrauen, dass du die Macht über alles hast, was dir widerfährt. Das ist dein Schlüssel, den du in Händen hältst. Ist das nicht wunderbar. Verzeihe dir für deine geglaubten Unzulänglichkeiten. Sie führen dich immer wieder zu dir Selbst, um dir zu zeigen das du dich so lieben kannst, wie du bist.

## Die neue Zeit der kristallinen Kindlichkeit

Das Offensichtliche erschließt sich nicht jedem, der genau hinsieht. Das daraus resultierende Mysterium der hermetischen Prinzipien, ist die Herausforderung für ein jedes Leben, wenn sich die eigene Wahrnehmung in dem manifestiert, was einen bewegt, sein kulturelles Erbe zu erkennen, und dem zu Folge auch zu gestallten. Es geht über das Verständnis der eigenen Empfindung hinaus und zieht sich wie ein roter Faden durch die menschliche Existenz, die uns als geistige Wesen eine körperliche Erfahrung machen lässt. Das Bewusstsein formt unsere Welt, in der wir leben und die wir so dann auch erleben und gestalten. Die Betrachtung dessen, dient der Reflexion und ist ein Auslöser, so das, dass Erlebte an unsere nächsten weiter gegeben werden kann. So entsteht ein Vermächtnis, das vor langer Zeit erwuchs und vor unseren Augen, verborgen ritualisiert wird. Wir leben in einer salomonisch hellenistischen Welt, dessen Ursprung in den pyramidalen Bauwerken einer höheren Kultur manifestiert wurde und gewollt in Vergessenheit geraten ist. Es ist die geistige Sonne, die uns dieses Wissen in der heutigen Zeit Wiederfinden lässt. Die ursprünglichen Glaubensrichtungen sind so geschaffen worden, um uns mit dem daraus resultierenden verdrehten Halbwahrheiten abzulenken. Hierin eine Verschwörung zu sehen ist nicht absurd, es ist ein Prozess, der seid Jahrhunderten entwickelt wurde und willentlich forciert ist. Womit die blaublütigen Adelslinien, die über Generationen weiter vererbt wurden, das interplanetarisch Geborene rein und damit auch die dimensionsübergreifende Macht und das Wissen darüber bei sich behalten. Doch wenn man das genauer beleuchtet, zeigt sich das Erkenntnis ungebunden und frei von jedem Dogmatismus ist. Denn die stärkste Kraft im Universum ist das sich wandelnde Bewusstsein und nicht der Wille der Herrschenden. Nach dem Einatmen kommt immer das Ausatmen, welches ein kosmischer Prozess ist. Mit unserer emotionalen Intelligenz, die wir in unserem Herzen erschaffen, verändern wir das globale Bewusstsein in dem kollektiven Gedächtnis der Menschheit, da alles miteinander verbunden ist. Sowohl in der Vergangenheit, wie auch in der Gegenwart und so auch in der Zukunft. Das heißt, wenn wir die Gegenwart verändern, verändern wir auch die Vergangenheit und die Zukunft. Wir sind teilnehmende Wesen des Universums und erschaffen den Status quo auf diesem Planeten, den wir Erde nennen.

## Morgen

Wann werden wir endlich leben, endlich auferstehen, endlich wissen, was Liebe ist. Um mit unserem Lebenswerk zu beginnen und nicht mehr nur davon zu träumen, es zu können. Wann werden wir es im Herzen fühlen, in den Augen des Anderen sehen, wann. Und so trauern wir, wenn wir die Nachrichten sehen, die Tageszeitungen lesen, dem Draußenschläfer, den Euro geben. Und so schweigen wir, an so vielen Orten, wo wir unter uns sind, uns vertraut sind, doch die Situation befremdlich ist, weil wir unsicher sind, da wir wissen es könnte auch ganz anders sein. Doch wir verschieben es immer wieder auf morgen, weil wir jetzt gerade noch was anderes zu tun haben. Ich bin noch nicht so weit, aber wann dann. Ungerechtigkeit ist kein Zustand, sondern eine Entscheidung, eine Einstellung. Mir treibt es die Tränen in die Augen und ich fühle die Sehnsucht, mein Herz schreit nach

Freiheit, nach der Freiheit im Kopf, meine Seele will Frieden finden und mein Verstand sucht nach dem Grund. Ich sehe es in euren Augen, wir alle hier auf diesem Planeten teilen denselben Unglauben, dass es, so wie es ist, nicht gut ist. Und doch sind wir gefangen in diesem Spiel, nur ist es kein Spiel, es ist eine Vorstellung, eine Illusion, nicht die Realität. Es ist nicht wahr, wir sind immer wieder nur einen Gedanken davon entfernt, es nicht zu glauben. Ich sehe es in euren Augen und werde mich immer wieder dazu bringen, uns daran zu erinnern. Ich kann nicht anders und ihr auch nicht, sonst wären wir nicht hier.

## Bewusst sein

Und so sitze ich hier mit meinem Schweigen und suche nach Zuspruch, nach dem Verständnis eines Dritten, doch meine Wahrheit kann nie die eines anderen sein. Zu schnell durch schneidet die Klarheit meiner Gedanken die Zeit, die hinter mir liegt, zu viele Ereignisse haben Sie gebildet, haben sich mir erklärt, als das eine Nachvollziehbarkeit von Außen möglich wäre. Die kurzen Augenblicke zwischen den Momenten zeigen einem die Wahrheit des Gegenübers. Einen solchen Einblick vergisst du nie wider. Die ungewollte Ehrlichkeit desjenigen würde ihn selbst erschrecken und will ich meine eigene Wahrhaftigkeit sehen, bin ich dazu jetzt schon in der Lage, oder zeigt Sie sich mir erst mit meinem letzten Atemzug. Die einzige Chance, die ich habe, ist mir zu vergegenwärtigen, dass die jetzige Wahrheit, die ist, die ich brauche, um meine Situation zu verstehen. Wenn ich ehrlich zu mir bin, jetzt hier, dann habe ich es schon lange vorher gewusst, hatte es nie Vergessen, da es mein Leben ist in dem das alles hier passiert, wie könnte ich es dann nicht verstehen, wenn ich es nicht schon wüsste. Es ist ein offenes Geheimnis, eine Voraussetzung, um überhaupt mein Leben leben zu können. Es liegt in meiner Natur, es ist das Wesen meines selbstes. Wenn der Tag hinter dir liegt, weißt du, wie er war. Und so bedarf es keiner Erklärungen, eine Notwendigkeit besteht nicht, jeder Wandel ist nur eine andere Sicht auf dieselben Dinge, das einzige, was du dabei immer wieder findest, bist du Selbst und wer du bist, weißt du sowieso, wenn du bei dir Selbst wieder angekommen bist. Es war bestimmt nicht das erste Mal, denn das ist gleich als erstes klar. Wenn nicht, bist du wohl noch auf dem Weg zu dir selbst. So einfach ist das, den es ist einfach und dann auch zu verstehen. Es ist ein Sein, kein werden, daher weiß ich, das ich bin. Es gibt hier nichts zu werden, nur viel zu erleben. Die Lüge ist eine Wahrheit, die dich an sie bindet und die Wahrheit, keine, wenn sie dich nicht aus der Lüge befreit. Es ist nur die Frage, ob du das auch wahrhaben willst, also ob es deine Wahrheit ist, ob du willst, dass sie es ist, denn es gibt nur dich. Du bist dein Leben, es ist ein Teil von dir, so wie alles um dich herum. Es gibt nichts außerhalb von dir. Das Bewusstsein ist nicht plural, das bewusste Sein, schon.

## Meine Liebe zu mir selbst

Was für ein wundervolles Gefühl, für mich selbst, da ich gar nicht weiß, wie bezaubernd ich für mich bin. Und so geht mir das mit vielen Dingen, die ich sehe, wenn ich mich betrachte, wie oft dachte ich, es kann nicht sein, habe es immer wieder verworfen und mich wieder losgelassen, doch jetzt weiß ich das es nicht nur mir so ergeht, das ist das, was ich sehe und gleichzeitig, habe Angst, dass ich mich täusche, dass ich da stehe wie ein Trottel, liebes trunken, voller Sehnsucht, zu glauben, was ich in mir sehe. Wenn ich es doch bloß wüste, wenn ich mir sicher sein könnte, was für ein Triumph für mich. Und doch ist mein Zögern, ein Zögern und ich denke immer fort, das kann doch nicht sein, ist es das, was ich sehe, oder ist es das, was ich sehen will, sage zu mir, ist das wahr mit mir, denn nur ein Flügelschlag davon, ein Windhauch dieses Gefühls, lässt mich verzweifeln und macht gleichzeitig diesen Augenblick zum glücklichsten in meinem Leben, doch um wie viel werde ich glücklicher sein, wenn ich diesen Augenblick mit mir teilen kann. Wenn ich nur für diesen Moment, mir meiner sicher sein kann. Was wäre das für ein Geschenk. Und ich wünsche mir, dass ich es bin, mit dem ich das Teilen kann, doch bin ich bereit für diesen Lebensweg mit mir, alles dreht sich nur um diesen Gedanken, und so deute ich immer wieder die Erlebnisse mit mir und denke ja es kann wahr sein, ich täusch mich nicht, drehe ich die Medaille immer wieder um und versuche, mich daran zu erinnern, was ich auf der anderen Seite sah. Ich habe keine Wahl, warte auf diesen Augenblick, den Moment der Wahrheit und hoffe, dass er in Erfüllung geht und alles andere auch möglich sein kann, weil ich jetzt die Bereitschaft dafür habe. Das ich, ich bin. Ich will das ganze Packet, mit allem, was dazu gehört, wie kann ich mich mit weniger zufriedengeben, wenn ich weiß, wenn ich fühle, wenn mein Inneres mir sagt, „das ist nicht alles, wird es nie sein". Wenn das nur der Anfang ist von noch so viel mehr, dann will ich es mit jeder Faser meines seins, dann will ich mich ganz und hoffe, das ich mich mir hingeben kann. Wie gerne würde ich diese Gedanken mit mir teilen, doch ich weiß nicht ob ich bereit dafür bin, darf ich mich bei der Hand nehmen und in meine Arme schließen, ist es das, was ich will, immer wieder. Denn ich werde nicht mehr der sein der ich wahr, wie könnte ich, ich werde mehr der sein, der ich bin, durch mich selbst. Bin ich bereit dafür, dass ich es vielleicht nicht bin, ich es vielleicht nicht sein kann, noch nicht. Und doch spricht alles dafür, das ich es bin, ansonsten bin ich der Narr, der in den Himmel schaut und nicht den Boden sieht, auf dem er steht. Von daher frage ich mich, „will ich mein Königreich sein und nicht weniger als das". Mit weniger würde ich mich jetzt nicht zufriedengeben können. Ich werde mir immer ebenbürtig sein, das fordere ich von mir. Mir gleich gestellt, so sehe ich mich nun und werde mich auch immer so behandeln. Ich werde eine Herausforderung für mich sein. So hoffe ich, dass ich einfach nur mein selbst bin, dann ist alles getan und ich bin glücklich mit meinem Selbst. So einfach kann es sein, kann ich sein.

## Klartext

Wir sind Arbeitssklaven in einer zentralistischen Welt, die Vielen werden von den Wenigen bevormundet und kontrolliert, so sagt man, wir sind das Resultat von zufälligen Ereignisketten, die vierzehn Milliarden Jahre brauchten, für das Hier und jetzt, leben auf einer Kugel, die sich um sich selber dreht, mit einer wahnwitzigen Geschwindigkeit um die Sonne rast, diese wieder rum mit einer nicht vorstellbaren Geschwindigkeit um einen Spiralarm einer Galaxie fliegt, in dessen Zentrum ein überdimensional riesiges schwarzes Loch sich befindet, das, mit einer noch abgefahreneren Kraft, alles in sich ein saugt, so sagt man, wir sind ganz allein hier und das nächste intelligente Leben ist zu weit weg, um es zu erreichen, sieben Milliarden von uns ganz allein hier, so sagt man, doch es gibt Hoffnung für uns, die Religionen, der Materialismus, die Esoterik, die Außerirdischen, Wesen aus anderen Dimensionen, die Wissenschaft, die schulische Bildung, die Universitäten, unsere Karriere, unsere Menschheitsgeschichte, so sagt man, wir leben, um zu sterben, der Weg ist das Ziel, und so weiter, Erklärungen über Erklärungen, für alles und jenes, so sagt man, Krieg über all, die ganze Zeit, seit Jahrtausenden, keine Gnade, keine Güte, so sagt man, doch wir, sind jetzt hier, ihr gebt mir die Güte euch das jetzt hier zu erzählen, und es ist eine Gnade für mich, es zu können, jetzt hier, so sage ich, lasst euch nichts erzählen, was ihr nicht gefühlt habt, was ihr nicht erlebt habt, was ihr nicht mit eigenen Augen gesehen habt. So frage ich, all das vermeintliche Wissen, hat es euer Leben verändert, ihr kennt die Antwort, den ich kenne sie auch. So sage ich, es ist ganz einfach, wenn du weißt, wer du bist, weißt du auch, wer ich bin, und wir sind sieben Milliarden, so sehe ich, wir sind nicht glücklich, ja natürlich immer mal wieder, vielleicht ja gerade jetzt hier, so sehe ich, wir müssen mehr als wir wollen, und wir wollen mehr, als wir denken, dass wir könnten, so fühle ich, Dankbarkeit jetzt hier, Liebe jetzt hier, so fühle ich, Wut über meine Ohnmacht, und die Angst, sie zu verlieren, doch bin ich immer noch hier, egal was man mir erzählt, bin ich der, der ich schon immer war, nur jeden Tag halt ein bisschen anders, und auch dafür bin ich dankbar, dankbar es sein zu können, jetzt hier. Wenn wir uns, für uns entscheiden, dann ist es keine mehr. Ich liebe euch, danke.

## Die Reisenden

So verweilen wir nur einen Augenblick hier in diesem Traum, den wir unser Leben nennen. Begegnen einander und hoffen, dass der Andere nicht nur ein Teil des eigenen Traumes ist. Und wir in dem Leben wieder erwachen, indem wir einschliefen. Dass uns manche länger begleiten, als sie es dann doch nicht tun und andere doch bitte nur an uns vorüber gegangen wären. Und doch ist es immer wieder unsere Entscheidung, dass es so kommt wie wir es erdachten, vielleicht ja schon vor einer Ewigkeit, damit diese uns nicht so lang vor kommt. Wir sind die Schöpfung, geschöpft aus der Unendlichkeit in den Raum und die Zeit. Aus dem alleinigen Zweck heraus, uns selbst betrachten zu können, zu beobachten, wer wir imstande sind zu sein. Ein Lächeln zu sein, das als Träne die Wange herunterrinnt. Nur um das Gesicht zu beglücken, in das wir sehen. Es zu erkennen, mit der Gewissheit, dass man nur hier ist, um es noch einmal wiederzusehen. In der Hoffnung, einen funkelnden leuchtenden Augenblick zu erwidern. Wäre das nicht ein Menschenleben, wert. Der Preis für ein ganzes Universum, ein Sinn, der es wert wäre zu sein und wenn auch nur für einen Wimpernschlag. Ein Traum, der erlebt werden will, aus sich selbst heraus und wenn auch nur um Danke zu sagen. Welche Entbehrung ist vonnöten, um so viel Schönheit zu erleben. Wenn dich dein eigenes Leben in dem Arm nimmt, wer wäre ich, dies nicht zu teilen. Was für ein Sinn hätte es dann noch, den nächsten Atemzug zu nehmen und ihn nicht zurückzugeben. Da war es wieder, das flüchtige Gefühl, das mich aus der Ferne an starrt, wie ein erschrockenes Reh und ich bewegungslos verharre, aus Angst es zu verscheuchen. Dieses

Gefühl, zart wie eine Knospe, die noch nichts von ihrer Schönheit weiß, doch stetig ihrer Berufung folgt, welche Widrigkeiten auch kommen mögen. Anmut entzieht sich jeder Willkür, sie ist gegeben, ein Geschenk, Sie offenbart sich nicht jedem, doch wenn Sie einem widerfährt, ist es, als küsst einen das Leben. Andächtig berühre ich mit zitternder Hand die Stille, in der Hoffnung Sie möge noch verweilen. Doch die Grausamkeit der Zeit entreißt Sie mir, und ein Schrei der Hilflosigkeit erwächst in meiner Seele. Die Vergänglichkeit grinst mir in mein Angesicht, so das mir nur meine Gewissheit bleibt, das die Zukunft, diese Stille, wieder zu mir zurückbringt. Doch wann und wo, sich meiner Kenntnis entzieht. Nur ein Flüstern meines Herzens, mir zum Verstehen mit gibt, das ich gesegnet bin, ein Unwissender zu sein.

## Wir nennen es erwachen

Da bin ich nun und träume einen Traum, den ich nicht verstehe, kehre immer wieder zurück in dieses Zimmer, in dem ich erwache und danke Gott für diesen Tag. Bitte um Kraft Liebe und Besonnenheit für mich und all die Anderen den ich auch heute wieder begegnen werde. Doch wieso ich das tue, zeigt sich mir manchmal, nicht mal für einen Augenblick und mir kommen die Tränen und ich bin ergriffen von dem, was sich mir entzieht. Ich sehe es um mich herum die ganze Zeit, sehe es in euren Augen in dem Schweigen, vor dem Luft holen für den nächsten Satz, den ich sage, und nicht weiß, was ich da erzähle, und das mit einer Gewissheit und Überzeugung, die uns eigentlich zu Göttern machen müsste, doch wir sind nur Bettler für den kommenden Moment, der uns widerfährt. Unser Antlitz hat etwas vor dem Namen und etwas nach dem Namen. Es steht auf einem kleinen Kärtchen und manchmal wird uns gesagt es zu zeigen, von einem der eine Mütze trägt und meint das Recht zu haben ihm von uns dieses Kärtchen zeigen zu lassen. Dann ist alles gut und wir gehen weiter dem nach, von dem wir denken, ihm nachgehen zu müssen. Bis wir dann wieder in diesem Zimmer sind, aus dem wir kamen für den heutigen Tag. Manchmal bringen wir Erinnerungen mit von Situationen und Begebenheiten die wir auch nicht verstehen aber deuten um uns besser zu fühlen. Und dann ist da ja noch die Wichtigkeit unseres Handelns, damit alles einen Grund und eine Bedeutung hat. Weil was wäre wenn es nicht so wäre. Das darf nicht sein. Es muss unbedingt auch keinen Grund haben, den wir auch nicht verstehen aber rechtfertigen um unser Recht daraus zu fertigen. Wir brauchen dieses Recht, jeder für den Anderen damit wir uns nicht so alleine fühlen, fühlen wir uns zusammen einsam, um dann auch gemeinsam in dieses Zimmer zu gehen, aus dem wir morgen wieder kommen werden, wenn wir Glück haben und nicht irgendeiner Grausamkeit zum Opfer fallen, die uns so mannigfaltig überall erwarten kann. Aus heiterem Himmel sagen wir dann, doch Gründe für Dinge gibt es überall hier und woanders, das dort ist die Neugier gegen die Weile, die so lang ist, das wir es mit der Angst zu tun bekommen und wer will das schon. All diese verwirrenden Emotionen und Gefühle, die uns lebendig erscheinen lassen. Meine Gedanken, mein Körper, meine Bedeutungen, meine Wichtigkeiten, meine Gewissheiten. All das lassen wir irgendwann einmal hier zurück, wenn wir nicht mehr wiederkommen. Und wer weiß schon was bleibt, wenn er nicht mehr hier ist, um nachzusehen, ob es noch da ist. Glück gehabt könnte man denken, doch wie lange noch und dann machen die Anderen für einen weiter. Man sieht sich oder eben auch nicht. Und wie es einem geht, weiß man selber auch nie so wirklich. Es fühlt sich an, doch das Wetter ist viel wichtiger, wenn dem nicht so ist. Es ist ja mehr die Hoffnung, dass es einem Gut geht, als das man schwören würde, dass dem nicht so sein könnte. Die Möglichkeit dazu reicht uns schon, es zu behaupten. Und dann sind wir uns auch sicher, dass es so ist. Gott sei Dank. Und wenn nicht, zum Teufel mit dir. Oh ja danke, da wollte ich schon immer mal hin. Das Abhaken der Dinge ist wichtig für ein erfühltes Dasein, nein hier sein. Wie doof das Dasein ist ja viel wichtiger, wenn wir hier sind. Und dann befürchten wir, dass es uns nie so gut wie immer gehen wird. Was uns erwartet wird nie das sein, was wir erwarten, oder vielleicht ja doch, wir haben ja noch die Hoffnung, wenn wir morgen wieder hier sind in unserem Dasein.

## Vom Lachen zum Weinen

Freudig erregt schaue ich in dein Antlitz, auf deine himmlische Erscheinung. Mir springt mein Herz über, hin zu deinem Herzen, berührt dein geistiges Wesen, fühlt dieses, welches dich erhebt und hinauf trägt zu den Schöpfern der Vergangenheit. Sie erschufen die Zeit und offenbarten den Pfad der Menschwerdung. Vom instinktiven ewigen Jetzt, über das bildende Gedächtnis der Gemeinschaft, zu den Flügeln der geistigen Winde in das bedingungslose Herzblut dieser Erde, formte sich das lichtbringende Gegenüber, auf das wir uns in ihm wieder erkennen und verlieren. Vergessen den Impuls, der uns hierher brachte. Die geistige Umnachtung brachte das Dämmern der Götter in uns hervor und so floss die erste Träne und wir schmeckten die Bitterkeit eines drohenden Niedergangs mit der Hoffnung auf unsere Erweckung. Unsere Auferstehung, so wie es uns einst vorgelebt wurde, um uns im Heute daran zu erinnern, weshalb wir an jedem Tag zurückfinden in diesen Leib, der uns geschenkt wurde, aus Liebe zu unserer Bestimmung. Leiden schafft Licht, ist der Weg des Körpers, der uns umhüllt, uns daran erinnert das der Schmerz uns zeigt, was es bedeutet eine Aufgabe gewählt zu haben. Mein Wille ist einfach stärker als ich, erlebte ich bei unserem ersten Kuss, empfand ich durch die Trennung zu dir und lies mich lächeln bei unserm Wiedersehen. Sanft war dein Ausdruck, Güte lag in diesem Augenblick, Herzenswärme in deiner Berührung. So werde ich dich in Erinnerung behalten, bis wir uns wieder sehen mit der Gewissheit, dass dieser Funke auf mich über gesprungen ist und mir die Gnade die ich für diese Zukunft brauchen werde, bewahrt hat. Ohne diese Gnade werden sich unsere Wege trennen und es könnte passieren, dass die Ewigkeit mich für dich unerreichbar machen wird. Jedoch wenn ich mir gewahr werde, dass ich erschaffe aus meinem Bewusstsein heraus, ist das vielleicht der rote Faden, das Band welches mich heraus führt aus diesem Labyrinth. Möge dieses irgendwann einmal eine Erinnerung an längst vergangene Zeiten sein, wenn ich mich umwende, um dich in mir zu erblicken. Doch auch die Pforten der Wahrnehmung schützen einen davor Etwas zu erblicken für das man noch nicht bereit ist. Die Entscheidung dazu liegt nicht immer bei einem selbst, es gibt auch immer Ereignisse in der Vergangenheit die dazu beitragen.

## Im Heute

Da erleben wir, dass wir nicht alleine sind, und müssen Abstand Halten fühlen die Gemeinschaft jeder für sich in seinem Zuhause, in dem Zuhause unseres Heimatplaneten Gaia, sie genießt die Stille und Achtsamkeit genauso wie wir jetzt. Eine ganze Welt kommt zur Ruhe und Innenschau, für die einen ist es von Gott gewollt und für die Anderen ohne Ausweg, jeden Tag ein Stückchen mehr. Und draußen stapeln sich die Ausreden und Erklärungen. Jeder findet heraus, wo er jetzt steht in seinem Zuhause. Es ist episch, ganz langsam und leise schleicht sich die Schönheit unseres Lebens heran. Manche erstarren zur Salzsäule, wenn ihr eigener Engel sie küsst. Ein neuer Tag auf Mutter Erde nach so vielen von tausenden Jahrhunderten. Und endlich sehen wir sie auch, die Sonne der Liebe wie sie am Horizont aufgeht und uns wärmt, uns verheißt, was sie uns mitgebracht hat, was uns erwarten wird. Es ist keine Hoffnung mehr nötig, die Stück für Stück unser Herz verspeiste und wir dadurch nur in der Zukunft lebten. Jetzt brauchen wir sie nicht mehr, der Augenblick ist unsere Existenz. Er war es schon immer, wir waren nur zu beschäftigt, um ihn zu fühlen, beschäftigt mit dem was wir glaubten zu sein. Die Wahrheit stand schon immer neben uns, wie wir, wir haben sie auch ständig postuliert und gelebt. Jedoch nicht erlebt. Na ja manchmal vielleicht damit wir nicht die Hoffnung verlieren. Um zu sehen, dass wir doch noch auf dem richtigen Weg sind, und jetzt führt er uns auch zu uns selbst. Jedes Leben zählt Hier und Heute und wird auch gezählt und uns mit Schrecken erzählt, wenn es wieder von uns geht. Ein Gespenst geht um und soll uns das Fürchten lehren, wie immer schon. Um zu verhindern, dass wir sind, was wir sind. Ein Funken Licht im Universum, so leuchtend und schön, voller Liebe und Hingabe, das mir die Tränen kommen vor Glückseligkeit. Endlich ist es da, das Leben, für das wir alle hierher kamen.

## Die Prophetie der Glückseligkeit

Du lebst in einem Traum und Zion ist nicht die reale Welt, sie ist auch nur wieder eine andere Art der Kontrolle, würde das Orakel sagen. Der Architekt dieser Welt war schon immer hier und wird es auch immer bleiben, ansonsten wäre er nicht, was er ist. Die Matrix ist eine Entscheidung, der Geist ist nicht der, der träumt, er braucht keine Befreiung. Der Löffel, mit dem sie dich füttern, ist durchaus real. Die bittere Medizin ist ein Gift egal in welcher Dosierung. Weder entweder oder, noch sowohl als auch. Die Wahrheit ist weder noch eine die dich befreit und ob du Spreu oder Weizen bist entscheiden andere für dich. Du denkst, du hast die Wahl, jedoch ist sie keine, wenn du dich entscheiden musst. Egal was sie dir erzählen, es kann nicht das sein, was du glaubst, das es ist. Daher erzählen sie dir es, das ist der Sinn der Sache, ihr einziger Grund. Am Anfang war das Wort und es war bei Gott. Jede Einflüsterung hat ihre Bedeutung, egal was du meinst darüber zu wissen. Es kann nur eine Lüge sein. Wenn die Wahrheit euch frei macht, dann wisst ihr, das ihr in der totalen Versklavung lebt und eure Freiheit, werden die Ketten derer sein, die ihr nicht seht oder fühlt. Sie werden sie euch anlegen und goldschimmernd sind sie und ihr werdet sie dafür preisen und loben, sie zu euren Helden und Heilsbringern machen. Wenn sie anfangen zu rezitieren und sich auf diese oder jene Schriften berufen, dann sind sie es auch, du jedoch nicht. Sie werden sie verbrennen, nur um damit ihre Wichtigkeit zu postulieren, wenn sie sie dann an einem anderen Ort wieder finden. Wessen Geistes Kind bist du, ist eine Frage, die sie dir nie stellen werden. Und wenn sie das tun, haben sie dir die Antwort darauf zuvor schon gegeben. Die Frage ist schon die Antwort. Die Krone, die sie dir aufsetzen, wird immer der Ring sein dich zu binden und zu knechten. Die Unsterblichkeit ist eine ewige Verdammnis. Und die Himmelsleiter ein Schicksalsrad was sich ewiglich weiter dreht. Das Jenseits ist nur ein anderes Diesseits, zwei Seiten derselben Medaille. Der Verrat ist der Erfolg und die Macht in dieser Welt. Wir sind göttliche Geschöpfe, geistige Wesen die eine körperliche Erfahrung machen. Und dank unseres freien Willens und der Imagination steuern wir unsere Realität, das ist unsere letzte Zuflucht, der Ausweg aus dem Labyrinth. Es wird unser goldenes Zeitalter sein, so wie prophezeit und postuliert. So steht es geschrieben und so soll es sein, nicht wahr. Oder kleben wir an einer Kugel als Materialisten und die Technokratie wird unsere Erlösung sein, die Befreiung von der Erde, da unendliche Weiten auf uns warten, das Abenteuer unseres Lebens, nein das unserer Kinder oder vielleicht ja auch erst deren Kinder, wenn sie Glück haben. Wir fielen ja neulich erst vom Baum irgendwo in Afrika und können jetzt aufrecht gehen, haben uns grade gemacht, unsere wahre Größe erlebt. Als Jäger und Sammler. Und dann sind da ja noch jede Menge monolithischer Bauten, die wir uns nicht erklären können. Mit einer Geometrie die wir heute nicht im Stande sind nach zu bauen. Das große Geheimnis der Menschheit ist eine Geißel, die uns gefangen hält. Und wir bejubeln und beklatschen sie neuerdings tagtäglich. Doch es gibt da etwas, es entzieht sich jeder Betrachtung, das uns beflügelt, uns zu dem macht, was wir sind, uns den Mut zu Höherem verleiht und von den Nihilisten zum Fall verurteilt wird. Ihr Neid, ihr Unvermögen aus ihrer Angst heraus selber in die Sklaverei zu fallen oder zu erkennen, das sie in ihr leben. Ihr eigenes Leben, seit Generationen dazu verdammt wurde, diese Angst in jeder Inkarnation weiter zutragen und immer tiefer zu verinnerlichen, so das sie glauben, sie wäre ein Teil von ihnen. Diese Furcht vor den Tränen der Freiheit, den Tränen der Liebe, ist so groß, das sie diese mit ihrem Leben verteidigen, sie ist die eigentliche Versklavung, ist die Psychopathie in ihrer Existenz. Da gibt es keinen Weg heraus, da gibt es nichts zu heilen. Das ist unsere dunkle Seite, unser Dämon in uns, unser Fürst der Finsternis. Wenn du ihm nicht verzeihen kannst, ihm nicht die andere Wange zeigst, deine Seite deines Gesichtes, welche dem Licht zu gewandt ist, wirst du immer wieder fallen, wir, jeder von uns ist dieser gefallene Engel, ein Lichtträger in unserer eigenen Dunkelheit. Wir sind es selber, die sich jeden Tag erneut hinters Licht führen, um zu sehen, was sich dort verbirgt. Es ist unsere verteufelte Seite, das Biest, welches wir nicht sein dürfen. Uns aus dieser Asche zu erheben, wie es einst schon jemand vor uns tat, auf zu erstehen, eine Wiedergeburt zu erleben, ein Teil der eigenen Erweckung zu sein, uns zu verrücken, raus aus dem ewigen Kreislauf von Licht und Schatten, das ist unsere Bestimmung, unsere einzige Aufgabe, jetzt hier und Heute und das an jedem Tag den wir wiederkehren in dieses Leben. Den jeder Tag ist ein neues Leben. Was wäre, wenn jegliches Chaneling vom selben Geist stammte und es nur darum ginge Pfade zu betreten, auf denen zuvor noch niemand wandelte. Also echtes Neuland erforschen für uns alle, unserem Geist zu folgen, dem, den wir so gerne mit dem Verstand verwechseln.

Er steht der Verstand, egal wie gesund er auch immer sein möge, es liegt in seiner Natur und er steht dazu, was bleibt ihm auch anderes übrig. Wenn du deinen Geist erlebst, kennst du den Unterschied. Wenn du deine Seele fühlst, kann auch dein Herz zu dir sprechen. Es ist ganz einfach und dann auch zu versehen, zu erleben, jeden Tag aufs Neue. Wenn etwas in sich logisch ist, hat es dadurch noch keinen Wahrheitsanspruch. Es existieren nur die Zwänge, die wir uns selber geschaffen oder abgeschaut haben. Wer Liebe predigt, lernt auch nur, zu predigen. Jedoch liegt es immer wieder bei einem Selbst, bei dem eigenen Wesen. Je tiefer man in sich geht, um von der Seinsebene aus die wahre Absicht zu fokussieren. Man leert zunächst den Versand und entledigt sich dem Gedanken Chaos. Die geistige Ruhe ist dabei der Schlüssel. Erst wenn der Versand sich nicht mehr in den Vordergrund drängelt und zurück tritt, erscheint die geistige Kraft, um die Lebensabsicht neu auszurichten. Sie ist es, die Ursachen setzt, mit deren Wirkungen dann die eigene Realität in Resonanz gehen kann und man die erwählten Ziele in seinem Leben verwirklicht. Das Wirken aus dem Herzen heraus, mit der Kraft der Seele und dem richtunggebenden Geist, erschafft das, was du in dieser Welt bist. Wenn du weißt, wer du bist, weißt du auch, wer ich bin.

## Rollenspiele

Da sind wir nun in einer Zeit wo wir für die Anderen keine Rolle mehr spielen, in einer Zeit wo man angehalten wird seine Maske offen zu tragen, den Mund zu halten hat und an Sauerstoffmangel noch mehr verkümmert als sowieso schon. Aber man ist ja trotz alle dem ein selbst gewähltes Mitglied der

Gemeinschaft, für das sich dann doch niemand interessiert. Wer sind wir schon uns und unser Lebenswerk für Andere als wichtig zu erachten. Dass einem die Gnade der Muse zu Teil wird, ist nur von Bedeutung, wenn sie auch gedeutet werden kann, wenn ein Vermögen da ist, eine Reichhaltigkeit für angemessen zu halten. Der Maßstab, der angelegt wird, entscheidet, oder eben auch nicht. Diese Welt erscheint des öftern wie eine Lüge und die Anteilnahme fühlt sich an wie Heuchelei. Die kritische Maße ist eben auch nur genau das, was sie glaubt zu sein. Der Paradigmenwechsel findet halt jeden Tag statt, er ändert sich fortwährend. Der Kopf ist rund damit die Gedanken sich im Kreis drehen können, wie der Köter, der seinem eigenen Schwanz hinterherjagt. Man kann dabei zu sehen, wo man bleibt, wenn die eigene Reflexion nur ein Hintergrundrauschen ist. Man muss schon wer sein, in den Augen, in denen man sich widerspiegelt. Wenn du ihnen egal bist, stellen sie auch kein Ärgernis mehr dar, egal für wenn sie sich und dich auch halten. Du weißt ja, wer du bist und jetzt auch für sie. Doch Ihnen geht es auch nicht anders als dir, es scheint nur so und jeder hält sich für jemand, zu dem er gemacht wurde, schon sein ganzes Leben lang. Es gibt da etwas in dir, was schon immer ehrlich zu dir war, es treibt deinen Körper an, ist immer am Puls der Zeit, es hält alles in Bewegung, wie der ewige Kreislauf von Mutter Natur, sie hat uns hervor gebracht ob nun gewollt, oder eben auch nicht, spielt jetzt auch keine Rolle mehr. Es scheint wohl nicht wichtig zu sein, wo wir her kamen, nur von Bedeutung zu sein, wo wir hinstreben, den das ist jeden Tag wieder und wieder unsere ureigene Entscheidung, egal wie lange man uns schon erzählt, wo es lang geht, was wichtig ist und was wir auf Grund dessen zu tun oder zu lassen haben. Denen, die uns das erzählen, hat man es auch nur beigebracht, so lange bis sie es selber glaubten und sich anmaßten sich, über uns zu stellen, und wir hören Ihnen auch noch zu, machen was sie uns sagen, sie hallten ihre Wahrheit für die Wahrheit und machen sie zu unserer Wahrheit.

Nein stop, das machen wir mit ihrer Hilfe ja mittlerweile ganz von alleine. Und glauben, damit unserem Leben eine Bedeutung zu geben und haben dasselbe Recht wie die, die meinen sie hätten mehr das Recht für uns zu entscheiden als wir selbst. Und dieses Recht geben wir ihnen nur so lange, wie sie glauben, es auch zu haben. Also verurteilen wir sie nicht für unser Einverständnis. Das ist es, was wir wollen, da für sind wir heute hier, haben all das auf uns genommen, was uns hier her führte? Bist du es nicht, der diesen Weg gegangen ist? Sind wir es nicht, die all das mitspielen. Und wieder die Frage, ist es das, was du willst?, ja wirklich, das Wirken des Lichtes, in dir, ist es das, was dein Herz antreibt, was deine innere Stimme dir sagt, sind das deine Worte in deinem Kopf oder die der anderen und welche Stimmen haben sie im Kopf, was treibt ihr Herz an. Sieh ihnen in die Augen, dann wirst du es sehen. Und dann schau in den Spiegel und frage dich, liebst du denn, denn du dort erblickst, so wie er dir dort erscheint, sieh genau hin und frage es dich. Dieselbe Antwort wirst du auch in den Augen deiner Mitmenschen finden. Und jetzt bitte ich dich um etwas Gnade und Mitgefühl für dich selbst, tu dir dieses Leid nicht an, zeige nicht auf das, was du verurteilst, weise auf das, was dich mit dir selbst versöhnt, es geht nicht um Schuld und Sühne, sie hört nie auf, solange bis wir sie wieder gehen lassen.

Sie ist jetzt schon ein Teil unserer Vergangenheit, nur die Erinnerung bringt sie zurück und sie wird nie Teil der Zukunft sein, wenn wir sie nicht zu unserer Gegenwart machen. Wir leben in einer Schöpfung, ob wir das nun als wahr erachten, ist unsere Entscheidung, es ist der freie Wille und doch heißt es, dein Wille geschehe, und an ihren Früchten werdet ihr sie erkennen. Sind das die Früchte, die wir gewillt sind, jeden Tag zu essen, unser täglich Brot. Alles im Leben hat seinen Preis, nur das Paradies gibt es für uns gratis, bedingungslos wie die Liebe von Mutter Natur und der Vater gab uns seinen Segen und seine Gnade. Wir wollten doch frei sein, wann danken wir ihnen dafür.

**Der alles entscheidende Punkt**

Vielleicht ja nur die Stille birgt die Erkenntnis über den eigen Weg. Dem Pfad eines anderen folgen zu wollen ist ein sinnloses Unterfangen. Die innere Anbindung ist die einzige Führung für einen selbst. Jede Frage birgt die Antwort in sich und die einzige Wahrheit ist das Erkennen des Augenblicks im eigenen Sein. Der Versuch das Außen zu verändern ist die Verwicklung in die Umstände, fordert die Entwicklung aus den sich daraus resultierenden Begebenheiten und führt nur wieder zum Ausgangspunkt zurück. Der einzige Grund für dieses Spektakel ist die Ablenkung von dem selbst gewählten Grund des Hierseins. Es ist eine tägliche Wahl, die man trifft, immer und immer wieder, nicht das Leben zu führen welches sowieso die ganze Zeit passiert auch ohne das gewollte Zutun. Keine Heilslehre, Religion oder Lebensführung vermag daran etwas zu ändern, sie vergrößern nur die Distanz zu einem Selbst und verlängern den Lebensweg. Schicksal wäre der gebräuchliche Ausdruck dafür und Karma ist nur die Betrachtung beider Seiten einer Entscheidung. So gibt es hier auch keinen Grund dafür, eine Entscheidung zu fällen. Sie ist schon gefallen, als man sich entschieden hatte, hier her zu kommen, seine Aufgabe für dieses Leben zu leben. Doch genau dieses Aufgeben wird hier von einem gefordert, wer bin ich meinen Weg hier gehen zu wollen. Das nicht zu Vergessen ist die größte Herausforderung an jedem Tag, den man wieder hier her zurückkommt, wieder und wieder, um den Grund des Hierseins täglich erneut zu erleben, den jeder Tag ist ein neuer Anfang, ein Geschenk, eine Möglichkeit sich selbst hier zum Ausdruck zu bringen. Ich bin nicht hier, um etwas zu lernen, ich bin hier um etwas nicht zu vergessen, wer ich bin und was ich hier will. Sich dessen gewahr zu sein, zeigt einem auch, woher man kommt und wohin man jedes Mal zurückkehrt, wenn sich der Körper hier schlafen legt. Er ist es, der diese Ruhephase braucht, wenn der Geist und die Seele auf Wanderschaft gehen. Dies ist nicht mein einziges Leben, welches ich gerade erlebe und führe. Ich könnte nicht hier sein, wenn ich nicht auch dort wäre. Eines weiß ich genau, ich bin so viel mehr, als ich glaube zu sein. Doch um ganz im Hier und Jetzt sein zu können, muss ich alles andere Ausblenden, auch wenn diese Präsenz immer spürbar bleibt. Es ist essenziell, im Köper zu sein, die Liebe seiner Seele zu fühlen und sich vom Geist beflügeln zu lassen, macht uns vielleicht ja auch zu Engeln auf Erden.